너무 아프다

József Attila

József
Attila
Válogatott
versei

요제프 어틸러
시선집

진경애
옮김

너무 아프다

민음

일러두기

- 이 책은 요제프 어틸러 탄생 백 주년을 기념하며 출간된 *József Attila Válogatott versei* (Budapast: magyar napló, 2005)를 완역한 것이다.
- 요제프 어틸러는 시를 여러 번 개작했는데, 이 경우 최종 연도를 제작 연도와 함께 밝혔다.
- 시 수록 순서는 확인되거나 추정된 제작 시간순으로 배치하되 최종 개작된 작품을 번역 원전으로 삼았다.
- 제목이 없는 시는 첫 행을 제목으로 삼고 ◆를 붙여 구분했다.
- 주는 모두 옮긴이의 주이다.

**서문**

외국어로 시를 번역하는 사람은 이룰 수 없는 일을 하는 사람과 같다. 게다가 접근성이 어려운 헝가리어는 고립어 중 하나이기 때문에 두 배의 어려움을 감수해야 비로소 외국 독자에게 시의 메시지를 전달할 수 있다. 그래서 세계문학에 정통한 헝가리 문인과 문학사가 들은 명예를 걸고 요제프 어틸러József Attila(1905-1937)가 현대 세계문학의 최고 작가 중 한 경이라는 것을 선언하지만 증명하기란 거의 불가능하다. 그의 작품 활동이 비극적으로 중단된 지 이제 백 년이 다 되어가지만, 그만큼 지속적이고 무조건적인 존경을 받는 헝가리 시인은 아직 나타나지 않았다. 가난한 사람, 억압받는 사람들의 대의를 대표했고, 이 때문에 2차세계대전 이후 오랜 시간 동안 정치 권력이 그를 전유했지만 이러한 조잡한 정치적 조작도, 정치적으로나 문화적으로 아주 상이한 가치를 추구하며 대치하는 진영들이 그를 서로 자신들의 시인이라며 받아들이고 정통성을 부여하는 것을 막을 수는 없었다.

　시인으로의 초기 준비 기간은 상대적으로 긴 시간(1920-1927)이었지만 이 기간에도 아름다움의 예찬, 아방가르드의 형식 파괴의 특징 그리고 민속적 영감을 활용한 작품 등 걸작이 많이 탄생했다. 1927년부터 죽음을 맞이했던 1937년까지 이어지는 십 년은 성숙한 시기로 그는 전통적이면서도 현대적인 특징을 지닌 작품들을 시종일관 높은 수준으로 집필했다.

　그 십 년 동안 집필한 작품들의 가장 큰 특징은 주제, 어조와 형식 면에서 다양성을 지녔다는 것이다. 그의 모든 시, 자주 시도하지 않던 형식의 시까지도 그가 이전에 발표했던 작품들과는 달랐다.

　그는 민중들에게 가장 중요했던 '민족 운명에 대한 질문'을 대변하라는, 헝가리 독자가 시인에게 기대하던 합의에 부응하기로 했고, 이를 위해 대중에게 영향력을 발휘할 수 있는 적절한 시어를 개발했지만 동시에 가장 큰 지적 노력이 필요한 높은 요구 또한 포기하지 않았다.

　20세기 헝가리 사회에서 근대화라는 거대한 변화가 이어지면서 이전에는 존재하지 않거나 억눌렸던 힘들이 해방을 목표로 역사의 무대에 등장했다.

　도시 외곽에서 태어난 시인은 대도시 노동자의 기본 권리를 반영하고 거대한 역사의 축척이 가져온 새로운 사회, 새로운 문화 창조를 목표로 하는 도전들에 목소리를 높였다. 역사에 등장하는 또 다른 주요 사회계층은 가난한 농민이었고, 빈민가 출신이었으나 어린 시절 시골 친척에게 자주 맡겨졌던 요제프 어틸러는 가난한 농민과 그들의 생활방식에 익숙했다. 고대 마술적 세계에 뿌리를 둔 언어, 농촌 생활에서 전수한 문화, 그리고 시적인 유산이 그의 작품세계를 이루고 있다. 이러한 작품들 대부분에는 장난스러움과 함께 매력적인 친근함이 스며 있다.

하지만 농민 공동체를 찾아다니고, 노동운동의 사명을 짊어지려고 했던 그의 노력은 아무 소용이 없었다. 그는 도시적이고 지적인 생활방식으로 공동체로부터 고립되었고 현대의 소외된 인간, 사회계층 사이에 부유하는 지식인의 내적 불협화음을 깊이 경험했다. 그리고 그는 유럽 전통 시어로 20세기 인간의 모순과 아포리아를 표현했다.

해결할 수 없는 존재론적 문제와 지적 존재의 갈등, 잊히지 않는 어린 시절의 깊은 가난, 표면으로 분출되는 트라우마는 그를 다시 병들게 했다. 심층 정신분석 치료는 그를 치료하지는 못했지만, 의식 깊이 감춰져 있던, 본능 속에 뿌리를 둔 내면을 탐구할 수 있는 기회를 주었다. 그는 치료사를 사랑하게 되었고 그녀와 계속된 치료에서 사용한 언어들을 시에 사용하였다. 신랄하고도 솔직하게, 금지된 언어의 한계까지 밀어붙이며 그녀에게 사랑을 고백하였고 그녀가 자신의 말을 받아주지 않았다며 불평하였다.

같은 시기 많은 동료 시인들의 작품 또한 비슷한 특징을 지녔다. 당대 최고 시인들도 가장 현대적인 정신이념으로 작품을 창작하려 했으며 이들 새로운 내용들을 다양한 시학적 전통과 맞추기 위해 노력하였다. 민속시 형식, 아방가르드의 위업, 그리고 고대 그리스 로마 고전 시학인 장단 운율시와 말이다. 이들 중 독자의 영혼을 사로잡고 오늘날까지 영향력을 유지하는 최적의 표현 방법을 찾은 시인이 바로 요제프 어틸러였다. 한국 독자들이 요제프 어틸러의 시를 통해 오늘날 20세기 현대 헝가리 문학 전반을 이해할 수 있는 것은 바로 그의 독자적인 혼합 창작법 덕분이다.

2021년 3월
트베르도터 죄르지


트베르도터 죄르지(Tverdota György, 1947- ). 이 책의 원전 *József Attila Válogatott versei*의 엮은이. 평생을 요제프 어틸러의 시 세계를 연구한 저명한 헝가리 문학사가로, 외트뵈시로란드대학 교수를 지내며 수많은 요제프 어틸러 연구와 연구자를 배출했다. 요제프 어틸러 학회장으로 있으며 요제프 어틸러 전기와 전작품 해설집을 집필 중이다.

번역 진경애

**차례**

서문   5

흙이 흙에게   15
지친 사람   17
가난한 사람의 발라드   18
가난한 사람의 애인   19
가난한 사람이 가장 가난하다   21
진심으로   22
아침 식사   23
4월 11일   25
신   27
그녀가 길을 건너갈 때   30
젊은 여인들의 노래   32
작은 노래   34
노크 없이   35
개미   37
앉기, 서기, 죽이기, 죽기   38
마침내   40
아나키스트의 노래   42
서문   44
두 스케치   45
비탄과 환희로 당신을 축복합니다   47
요제프 어틸러   48
나를 잉태시킨 요제프 아론   49

| | |
|---|---|
| 흔들흔들 | 50 |
| 손을 대봐요 | 51 |
| 진주 | 52 |
| 산호알 목걸이 | 53 |
| 붉은 달 주위에 | 54 |
| 아 심장아! 진정해다오! | 56 |
| 주 하느님은 길고 | 57 |
| 메달들 | 59 |
| 비가 온다 | 65 |
| 곰 | 67 |
| 이슬방울 | 69 |
| 티서주그 | 70 |
| 여름 | 72 |
| 나무꾼 | 73 |
| 베들레헴 | 74 |
| 베들레헴의 왕들 | 76 |
| 연기 | 78 |
| 레괴시 노래 | 79 |
| 슬픔 | 81 |
| 군중 | 82 |
| 우리 엄마 | 85 |
| 홍수 | 87 |
| 사회주의자들 | 90 |
| 슬픔 | 92 |
| 노동자들 | 93 |
| 영하 | 95 |
| 죽은 지방 | 97 |
| 어떻게 될지 말해봐요 | 99 |

| | |
|---:|---:|
| 도시 외곽의 밤 | 102 |
| 듬성한 숲 아래 | 107 |
| 일곱 번째 | 108 |
| 곰 춤 | 111 |
| 돼지치기 | 113 |
| 화물 열차가 들어온다◆ | 115 |
| 겨울밤 | 117 |
| 한 어린아이가 운다 | 121 |
| 희망 없이 | 123 |
| 도시의 변두리에서 | 125 |
| 애가 | 130 |
| 송가 | 133 |
| 자신을 가책하는◆ | 139 |
| 위로 | 143 |
| 결산 | 145 |
| 자각 | 147 |
| 마을 | 153 |
| 즉흥시 | 157 |
| 엄마 | 161 |
| 몸서리 | 162 |
| 땅거미 | 167 |
| 자장가 | 169 |
| 도던 소네트 | 171 |
| 사람들 | 172 |
| 나는 몰랐어요 | 173 |
| 소네트 | 174 |
| 아이와 같이 | 175 |
| 죄 | 176 |

| | |
|---:|---:|
| 인류 | 179 |
| 공기를! | 180 |
| 뒤늦은 만가輓歌 | 183 |
| 달이 비추면 | 186 |
| 당신 가슴에 숨긴 것 | 188 |
| 당신은 나를 아이로 만들었어요 | 190 |
| 두너강에서 | 192 |
| 한 스페인 농부의 비문 | 196 |
| 깨우쳐주세요 | 197 |
| 그 옛날, 아름다웠던 부인 | 199 |
| 사랑하는데 겁쟁이인 당신 | 200 |
| 코스톨라니 | 202 |
| 너무 아프다 | 204 |
| 곧 당신은 늙을 거예요 | 209 |
| 나무 하차 작업 | 211 |
| 두 육각운 | 212 |
| 엇갈린 포옹 | 213 |
| 고독 | 215 |
| 외침 | 217 |
| 안팎으로 쏟아질 것 같은 | 219 |
| 완성된 회고록 | 220 |
| 가벼운 기억들◆ | 221 |
| 토마스 만 환영사 | 222 |
| 시학詩學 | 224 |
| 플로러 | 227 |
| 나를 들어 올리지 않네요 | 232 |
| 아침 햇살 | 234 |
| 파도에서 솟아주세요 | 235 |

플로러에게　237
우하스 줄러 죽다　240
생일을 맞아　241
나의 조국　244
나를 알고 사랑하는 사람만♦　250
용서가 없다는 걸 너는 알고 있지　251
희고 가벼운 옷을 입고　253
그림자들　255
언젠가　256
'시인과 시대'　257
무엇을 믿고 있는가　260
신은 여기 내 등 뒤에 서 있었고♦　261
내가 졌어요♦　262
아마도 나는 갑자기 사라질 거예요♦　263
당신은 지팡이를 들고 왔지요♦　265
자, 여기 나의 조국을 찾았노라♦　267
사랑하는 나의 친구들이여♦　269
자신에게 집이 말한다♦　270

자기소개서　273

작가 연보　281
작품 해설　285
옮긴이의 말　300
편집 후기　304

## 흙이 흙에게

오라, 내 형제여, 우리 아버지 쫓기는 태양은
머나먼 마을로 총총히 떠나갔다

하늘에 달, 천상 교회의 잿빛 창은
벌써 불을 밝힌다

획획 날던 수많은 제비들은 둥지 속에,
내 가슴속에는 온통 황홀한 네 속삭임이 울린다

우리 손가락처럼 모든 나뭇잎들은 떨고,
흙은 흙에게 엉기고 달라붙는다

서로의 곁에서 우리도 이제 흙이 된다
여린 새싹은 우리를 좋아하지

오라, 내 연인아, 내 영혼 속으로 네 몸을 맡겨라
우리 안의 대지는 고랑을 감추고 있다

밤이라는 까만 어린 양이 다가올수록,
그 부드러운 양털이 점점 더 까맣게 드리우고

금발의 네 머리는

달빛을 가득 채운 들판 같구나

1923년 8월 / 1934년

## 지친 사람

밭에는 진지한 농부 몇몇이
말없이 집으로 향한다
강과 나, 우리는 서로 나란히 눕는다
내 가슴 아래엔 여린 풀들이 잠을 잔다

강은 고요하고도 거대한 평온을 굴리고,
고민과 걱정은 내 마음속에서 이슬이 되었다
남자도, 아이도, 헝가리인도, 형제도 아닌,
여기 누워 있는 이는, 그저 지친 사람

저녁은 온 세상에 평화를 나누고,
나는 그 따뜻한 빵 한 조각이다
하늘도 쉬고 있는 지금, 평온한 머로시강과
내 이마 위로 별들이 내려앉는다

1923년 8월

## 가난한 사람의 발라드

―가난한 자여, 얼마면 요람을 주겠는가?
―아기가 어린데, 어찌 주겠습니까?
―난 왕이다 큰 힘을 가지고 있다
내놓지 않으면, 힘으로 뺏겠노라

가난한 사람이 한마디만 해도
왕은 벌써 군사들을 불렀겠지
하지만 그는 요람을 호수에 던지고,
갓난아기도 뒤이어 던진다

가난한 사람이 감옥에서 운다
가난한 사람이 감옥에서 웃는다
이 나쁜 세상에 이제 아기는 없다
더 나은 삶이 있을 테지, 아, 물속 나라에!

1924년 상반기

## 가난한 사람의 애인

가난한 사람의 한쪽 어깨엔 세상이,
다른 쪽 어깨에는 항상 하느님이 있지
그가 한 번 제대로 분노한다면,
한 번에 둘 모두를 떨쳐버리겠지

가난한 사람은 절대 컬라츠*를 달라지 않고,
가난한 사람은 절대 컬라츠를 얻지 못하고,
작은 빵으로, 아주 까만 빵으로,
하얀 영혼을 지키지, 까만 빵으로

가난한 사람의 것은 소금도 맛이 없고,
가난한 사람에게는 기분도 맛이 없고,
상인의 변변찮은 물건은 팔리지 않고,
침대가 있다 해도, 그마저 정돈되지 않고

가난한 사람은 배가 고플 때, 도둑질을 하고,
그때도 훔치지 않는다고? 그럼 배가 아주 고프겠지
훔쳐도 가난한 사람은 더 가난한 사람이 되고,
가난이 있는 한, 언제나 더 많은 가난한 사람이 생기겠지

* 헝가리에서 부활절에 즐겨 먹는 빵으로, 당시 가난한 이들은 명절에나 먹을 수 있었다.

어린 자식은 매 맞지 않는 날이 없고,
부인도 맞지 않는 날이 없지만,
아무리 예쁜 소녀가 된다 해도,
나는 가난한 사람의 애인이 되려네

1924년 상반기

# 가난한 사람이 가장 가난하다

만약 신이 작가 지망생이 되어
밤낮으로 펜을 굴려대도
그래도 할 수 없으리, 그 역시, 모두 다 적지 못하리
가난한 사람들이 얼마나 고통받아야 하는지를

가난한 사람은 가장 가난하지
추위는 겨울에게 내어주고,
더위는 여름에게 내어주고,
텅 빈 마음은 황량한 들판에 주지

평일에는 일 속에 파묻혀 있다
기다리던 토요일엔 숱한 걱정에 시달리다
행여 일요일에 기분을 돌려보아도,
이미 월요일이 슬프게 하지

하지만 그들 속에 비둘기가 산다네
빛나는 깃털의 느래하는 비둘기
결국 이들은 그리핀 새\*가 되어
까마귀 무리에게 정의의 심판을 내리리라

1924년 10월

\* 사자의 몸통에 독수리의 머리와 날개, 앞발을 가진 전설의 동물.

## 진심으로

아버지도 없고, 어머니도 없고,
신도 없고, 조국도 없다
요람도 없고, 수의도 없고,
키스도 없고, 애인도 없다

사흘째 먹지 못했지
많이도, 조금도
스무 살, 나의 힘을,
나의 스무 살을 팔겠소

혹시 아무에게도 필요치 않다면,
그렇다면 악마라도 사 가라지
진심으로 도둑질을 하고
필요하다면, 사람도 죽이리라

날 잡아서 교수대에 매달고
축복받은 흙으로 나를 덮겠지
아름다운 내 심장 위에는
죽음을 부르는 풀이 자라겠지

1925년 3월

# 아침 식사

굴러가는 소리\*로 수탉이 울고,
아주머니는 암탉에게 모이를 뿌리고
빵들은 힘차지, 희망에 차
부풀어 오른다
종소리는 티서강에 쏟아지고,
싱그럽게, 소리는 기지개를 켜며 일어선다
나는 허리까지 씻고
물을 머리 위로 뿌린다
정말 시원하고, 깨끗이 쏟아져 내린다
노래하는 소녀들의 가슴처럼,
대야 간에서 출렁이고, 노래한다
활짝 열린 문으로 들어온 바람은
냄새를 맡고, 의기양양 웃어댄다
마치 호밀 씨를 뿌리는 아이처럼,
내 머리카락 속에서 귀엽게 발길질을 한다
꿈에 우리는 건초 더미 위를 구르고,
나는 어인과 재즈를 넘었다
지금도 물구나무를 서고 싶지만

\* 닭이 꼬끼오 우는 소리를 헝가리에서는 '꾸꾸리꾸'라고 하는데, 또르르 굴리듯 소리가 나 이처럼 표현한 듯하다.

서둘러 일을 하러 가야 한다
날렵하고 쾌활하게 출발한다
아무튼 지금 가장 아름다운 사람은 나,
아름답고 깨끗한 것을 언젠가 한 번은
사람들에게 보여주어야 한다
내가 가면, 사람들은 날 사랑할 것이다
그들 사이에 있었기에 사랑할 것이다
우리는 넓은 길을 함께 다녔고,
나는 소나기를 피해 그들과 함께 달렸다
내 주름들의 계획을 새기고 있는
할아버지들과 할머니들,
청년들, 그리고
노동 뒤에 가슴을 여는 처녀들

1925년 3월 / 1928년

## 4월 11일

흩어진 이삭들을 쏟아내며
참새들 사이를 훔쳐보며
큰 바람이 번쩍 나를 들어 올렸지
갑자기, 4월 어느 밤에

자기 아이들을 찾고 있었는데,
바로 그 길에서 나를 찾았어
포효하며 기뻐했지 나는 미소를 지으며
그의 커다란 가슴에 잠이 들었지

마을을 지나, 들판을 지나,
나를 진흙투성이로 굴리고,
끌어당기고, 껄껄거리며 데리고 갔지,
페스트*의 한 질척한 외곽으로

길에는 즐겁게 노니는 패거리들
그리고 더 즐겁게 싸워댔지
그들이 소리치고, 우리도 소리치고,
결국 패거리들은 목이 쉬어버렸지

* 헝가리의 수도 부다페스트는 서편의 부다, 동편의 페스트로 이루어진다.

말하지만, 아주 커다란 명절이었어
신자들은 교회로 갔고,
덜덜 떨며, 우울한 손으로
성인들은 그들을 축복했지

종소리가 울리자, 가슴속에
커다란, 저녁 평화가 자랐지
살인자는 사람을 죽이고 나서
모자를 벗어 예의를 표하고 도망쳤지

희망을, 튤립을 의미하는
아주 조그만 나무요람에 나를 담아,
1905년 이렇게
나를 헌법에 올렸지

카드 치는 노동자에겐 아들로,
젊고 아름다운, 빨래하는 부인에겐
공원이며 진흙이며 욕망이며 목적이며
머릿수건에 싸인 걱정으로

가여운 부인은 이미 오래전에 죽었지만
바람은 그 아들을 놔주질 않네
우리는 밤에 숲에서 함께 신음하고
새벽까지 함께 잠을 자네

1925년 4월 11일

# 신*

2
아이들이 구슬치기를 할 때면,
신은 그들 사이에서 서성거려요
한 아이가 눈을 크게 뜨면,
그는 구슬을 땅 구멍에 굴려 넣어요

본인 걱정은 전혀 않지만,
세상에는 신경을 아주 많이 써요
소녀들을 예쁘게 치장하고
신선한 바람으로 얼굴을 상기시켜요

신발이 깨끗하도록 조심하고
길에서도 미리 자리를 내어주고,
밀치지도 싸우지도 않지요
우리가 잠이 들면, 조용히 잠자리에 누워요

생각으로는 그를 믿지도 않았었죠
하지만 내가 커다란 자루를 지고 가다

* 이 시는 본래 4파트로 구성되어 있지만 어틸러의
  시 세계에서 갖는 의의와 비중을 고려해 2와 4만
  선택되었다.

놓아버리고 위에 털썩 주저앉았을 때,
나의 몸은 그때도 그를 보았어요

어쨌든 나는 이제 그를 알아요
그의 모든 일을 바로 이해해요
그가 왜 나를 사랑하는지도
내 가슴속으로 바로 이해해요


4
나는 벌써 청년이 되었어요
가게에는 나 대신에 아이가 가죠
하지만 그에게 무언가 필요하다면,
그를 위한 심부름은 내가 갈게요

맑은 날씨엔 휘파람을 불며,
비 오는 날에 우산 없이,
외투도 걸칠 새 없이,
도로 위를 내달릴 거예요

자동차들이 경적을 울리지 않아도
나는 날쌔고, 재빠르게 피할 거예요
혹시라도 내가 차에 치이면
가게에 간 의미가 없으니까요

까다롭게 물건을 고르고

싸게 파는 사람을 찾아갈래요
무엇이든 사 오기 전에
길고, 오래 흥정할래요

그에게 물건을 드리고 나면,
즐거워하는 그의 얼굴을 보겠죠
눈은 빛나고 그마워할 거예요
앞으로 가게 심부름엔 저만 찾을걸요

1925년 4월 말

# 그녀가 길을 건너갈 때

그녀가 길을 건너갈 때,
참새들 사이로 비둘기들이 날아 앉았지

보도에 발을 부드럽게 내디딜 때,
사랑스러운 복숭아뼈가 희미하게 반짝였지

그녀의 어깨가 살짝 흔들릴 때,
어린 소년 하나가 그녀를 쳐다보았지

떠가듯 걷는 발걸음 이미 등불은 켜지고
사람들은 멋대로 그녀를 보고, 놀라고, 즐거워하고,

그녀에게 미소를 지었지, 아무도 신경 쓰지 않았지
그녀가 내 심장의 뿌리와 가지라는 것을

그녀를 조심스럽게 품에 안아 흔들었지
아! 그대를 뺏길까 얼마나 걱정했는지!

하지만 그들의 뽐내는 마음이 내 심장에 앉아,
질투의 꽃가지를 꺾어버렸네

사랑스러운 그녀가 예쁘고 쾌활하게 지나가자

날씬한 바람이 상쾌하게 그녀 뒤를 따랐지!

1925년 6월 / 1528년

## 젊은 여인들의 노래


잔털이 덮인 장난기 많은 우리의 둥근 턱,
예쁜 얼굴, 매끈한 다리, 곧고 바른 하얀 등
그리고 눈, 그리고 입

춤추듯 흔들리는 불을 지피고 굽고 요리해요
우리 얼굴은 달아오르고, 컬라츠는 맛있어지죠 빵 껍질에 윤기가 나요

바람도 애교를 부리며, 열고 싶어, 부드러운 우리 가슴을 두드려요
우리의 좋은 향기를 몰아가요, 둥근 치마를 들추고 살랑이게 해요

우리는 청소하고, 먼지를 털고, 머리를 높이 올려 묶죠,
종종걸음으로, 수탉이 볏을 흔들듯, 그렇게 흔들어요

흔들흔들 시원한 허리, 실룩샐룩 팔과 엉덩이,
높이 자란 풀 위에 이슬처럼, 열 명, 스무 명 통통한 아이들 한 무더기가
즐겁게 소리를 질러대며 알몸으로 굴러가는 것 같죠

씻을 물, 저녁 식사, 키스를 준비하고 저녁에 그이가 집에

오길 기다려요

  바가지를 닭고, 장난을 치고, 걱정이 있으면 달래고, 밤새 끌어안죠

  그리고 새벽이면 둥글게 불러오는 작은 배를 바라봐요


  1925년 여름

# 작은 노래

연인들이 다툴 때면,
그때는 핏대를 세우며 일어선다
연인들이 끌어안을 때면,
그때는 바닥에 함께 눕는다

노래해요
라라라!
소리쳐요
왕왕왕!
속삭여요,
소곤소곤소곤
한 대 쳐요
내 등을!

1926년 1-3월 / 1928년

# 노크 없이

　내가 당신을 사랑하게 된다면, 당신은 노크 없이 들어와도 좋아요
　하지만 잘 생각하세요
　푸석푸석 먼지를 토해내는 밀짚 침대에 당신을 눕힐 거예요

　당신에게 한 주전자의 맑은 물을 대접하죠
　당신이 떠나기 전엔, 구두를 닦아줄게요
　여기선 아무도 우리를 방해하지 않으니,
　마음 놓고 등을 수그리고 옷을 기워도 돼요

　당신에게도 말하죠 고요는 정말 고요해요
　피곤하다면, 하나뿐인 내 의자를 내줄게요
　더우면 넥타이와 칼라를 벗어도 좋아요
　배고프면, 깨끗한 종이를 접시로 줄게요, 무언가 있다면 말이죠
　하지만 당신이 괜찮다면 내게도 남겨주세요 나도 항상 배가 고파요

　내가 당신을 사랑하게 된다면, 당신은 노크 없이 들어와도 좋아요
　하지만 잘 생각하세요

그 후에 한동안 당신이 오지 않으면, 나는 아플 거예요

1926년 4월

# 개미

허믈들 사이에 잠든 개미 한 마리
바람아, 허물들을 지금은 불지 말렴!
아니면, 그것도 괜찮아

작고 지친 머리를 반짝이는 돌에 기대고
작은 그림자도 함께 잠이 들었네

지푸라기 하나로 살짝 깨워보기!
하지만 이제 우린 집에 가는 게 좋겠다
구름이 많이 꼈으니

허물들 사이에 잠든 개미 한 마리
그리고 앗, 한 방울 벌써 내 손에 떨어졌네

1926년 여름

# 앉기, 서기, 죽이기, 죽기


이 의자를 저만치 밀기,
기차 앞에 웅크려 앉기,
조심스럽게 산에 오르기,
내 가방을 계곡에 털어내기,
내 늙은 거미에게 꿀벌을 주기,
노파를 쓰다듬기,
맛있는 콩수프를 먹기,
진흙탕이네 까치발로 지나가기,
내 모자를 철로에 올려놓기,
호수를 그냥 돌아가기,
호수 바닥에 옷 입은 채 앉기,
울리는 거품 사이에 얼굴 붉히기,
해바라기 사이에서 피어나기,
아니면 그저 한숨 쉬기,
그냥 파리 한 마리를 쫓아내기,
먼지 쌓인 내 책을 털기,
내 거울 중앙에 침 뱉기,
내 적들과 화해하기,
긴 칼로 모두 죽이기,
살펴보기, 피가 어떻게 흐르는지,
보기, 한 소녀가 빙그르르 도는 것을,
아니면 그냥 이렇게 잠자코 앉아 있기,

부다페스트에 불 지르기,
내 빵가루로 새를 기다리기,
내 적은 빵을 땅에 던지기,
사랑하는 애인 울리기,
그녀의 어린 여동생을 무릎에 앉히기,
만약 세상이 내 책임이라면,
날 절대 볼 수 없게, 여기 버리고 떠나기
아, 엮게 하고, 풀게 하고,
지금 이 시를 쓰게 하고,
웃기고, 울리고,
선택하게 만드는 내 인생아!

1926년 여름

# 마침내

난로에 솔질을 했다 풀을 잘랐다
썩은 짚단 위에 몸을 눕혔다
판사는 유죄를 선고했다 바보는 놀렸다
나의 빛은 지하에서 터져 나왔다
소녀에게 키스를 했다 그녀는 노래를 하며
바삭한 빵을 구워 다른 이에게 줬다
옷을 받았다 그리고 책을 주었다
농부에게 그리고 노동자에게,
부유한 한 여자를 사랑했다
그녀의 계급이 그녀를 빼앗아갔다
이틀마다 단 한 번 먹었고
나는 위장병 환자가 됐다
나는 느꼈다 세상도 울렁이고 염증 난 위장이라고
점액으로 끈적이는
위장병은 우리의 사랑, 우리의 정신
전쟁은 그저 피 섞인 구토
시큼한 침묵이 우리 입을 채우자
나는 내 심장을 발로 차버렸다 소리 좀 질러보라고!
정신없이 일을 한다고 하지만, 돈 받고 쓰는 노래인 것을
나의 커다란 복수심에 그들은 돈을 지불했다
신부는 말했다 '아들아, 신을 따르라!'
나는 알고 있었다 빈손으로 신에게 돌아가는 자,

도끼를, 호미를 그리고 돌들을 가져오리라
나는 번쩍이는 심장을 가지고, 승리를 견디는 사람
자, 여기 엄존한 기억들에게,
진실을 행하그, 그 편을 들어야 하는 사람
하지만 기억들이 나와 무슨 상관이란 말인가?
차라리 나는 낡은 연필을 내려놓고
큰 낫의 날을 갈아야겠다
우리 지구에는 시간이 무르익고 있다
소리 없이 그리고 무섭게

1926년 여름 / 1930년

## 아나키스트의 노래

전깃불이 없는 곳은
부르주아에게 촛대처럼 불을 붙여라
콩수프에 고기가 없다면
훈제된 부르주아를 넣고 끓여라
그렇고말고, 친애하는 동무여!

낡은 네 신발이 휘파람 값도 못한다고?
부르주아의 눈으로 네 발꿈치를 문질러라
창문은 어쩌냐고? 차례대로 하면 되지
부르주아의 코로 창문틀을 붙여라
그렇고말고, 친애하는 동무여!

투쟁을 숨겨야 하는 곳에서는
부르주아의 가죽으로 마르크스를 싸매라
마르크스가 아니라면, 그렇다면 차라리
바쿠닌이나 크로포트킨을,
그렇고말고, 친애하는 동무여!

점점 더 많이, 점점 더 잘
숙고하여 부르주아를 제거하라
엄마 치마폭 속 겁쟁이는
그냥 백이십 명쯤만 죽여라

그렇고말고, 친애하는 동무여!

1927년 4월

# 서문*

여기 리디** 누님의 동생,
페스트에 사는 바투칸***의 친척,
한평생 빵으로 연명하고
하늘빛 이불 같은 것은 없었지
그의 시의 대가로 죽음은
커다란 솥에 콩을 끓인다
헤이 부르주아! 헤이 프롤레타리아!
나, 요제프 어틸러가, 여기 있다!

1927년 5월

* 어틸러가 파리에 있을 때, 첫째 누나에게 쓴 편지에 처음 선보인 시. 세 번째 시집 『아버지도 없고, 어머니도 없다』(1929) 서문이 된다.
** 어틸러의 첫째 누나 요제프 욜란의 결혼 후 새 호칭.
*** 몽골의 헝가리 침입 당시 헝가리 통치자로 알려져 있다. 칭기즈칸의 손자.

# 두 스케치

시몬 욜란*

언젠가, 그녀가 눈치채지 못할 때,
한참 그녀의 얼굴을 쳐다보세요
고독한 남자들이 그녀를 생각해냈지요,
내가 축구나 하고 있었을 때

그녀의 삶이 허공 속에 울려요
두툼한 외투로 그녀를 감싸주세요
아직 한 번도 그녀는 내 시를 낭송해주지 않았죠
솔질을 하고, 분주히 책꽂이 하나를 들고 옮겨요

집단 농장에 산업 나무가 있다면,
그녀에게 겨울 구두가 열리게 할 텐데,
정의로운 심성의 염소가 있다면,
메에— 메에— 그녀를 칭찬할 텐데 말이죠

1927년 말 / 1928년 8월

* 20세기 초 헝가리 아방가르드의 선구자였던 커샤크 러요시의 아내. 배우이다.

네메트 언도르*

아주 깨끗한 물 한 방울을
그의 눈에 문지르세요
벌써 삼십육 년이나 기다리고 있죠
푸른 혹의 낙타가 무릎을 꿇고

리디! 그에게 고기 수프를 끓여줘요
랍비, 그에게 카발라를 읊어요
개구리들을 데려다주세요
적어도 그가 백성이라도 가질 수 있도록

바다는 거친 대포 소리를 내며
가장 아름다운 시기를 가로질러 내달렸죠
머리칼 두어 군데엔 도살된 물고기들의
작은 회색빛 한숨을 지키고 있어요

1927년 9월 22일 / 1928년 8월

* 요제프 어틸러의 친구이자 시인, 비평가.

## 비탄과 환희로 당신을 축복합니다

비탄과 환희로 당신을 축복합니다
사랑해서 나는 당신이 두려웠어요
당신을 보호하겠어요 간청하는 손으로,
밀밭과 구름으로

당신 발 구르는 소리에 음악 같은 무너짐,
당신에게 쌓는 내 벽의 영원한 무너짐,
폐허의 그림자 위에 나는 기분 좋게 흔들리고,
당신 입김으로 둘러싸여요

상관없어요 당신이 날 사랑하든 사랑하지 않든,
내 가슴에 당신 가슴을 섞든 말든,
나는 당신을 브고 듣고 노래해요
신께 당신으로 답해요

새벽에 숲이 기지개를 펴고,
포옹하려는 수천의 팔이 자라요
하늘에서 빛을 꺾어
사랑이 빠진 숲의 심장을 덮어요

1927년 크리스마스

## 요제프 어틸러

명랑하고 착했지, 어쩌면 고집스럽기도
그의 진실을 훼손했다고 여길 때면
먹는 걸 좋아했지 그리고
한두 가지는 신과도 닮아 있었지
유대인 의사로부터 외투를 받았고
친척들은 그를 이렇게 불렀지
"더 이상-내 눈에-띄지-마"
그리스정교에서
평화를 찾지 못했지, 그저 신부님밖에
그의 파멸은 전 국가적이었지

뭐, 그래도 그대들은 슬퍼하지 말라

1928년 초

## 나를 잉태시킨 요제프 아론

나를 잉태시킨 요제프 아론,
비누제조공, 그는 벌써
거대한 바다이서
향기 나는 풀들을 베고 있지

나를 낳은 푀체 보르처,
몹쓸 것들이 갉아먹었지
그녀의 위를, 배를 차례대로
지네처럼 생긴 세척솔들이

나는 루처를 사랑했지만,
루처는 날 사랑하지 않았지
내 가구들이란 그림자들뿐
나는 친구가 없지

나에겐 더 이상 불행도 없으리
모든 것들이 영혼에 각인되었으니,
나는 영원히 살리라
주인 없이 그리고 어리석게

1928년 초

## 흔들흔들

여기는 갈대로 흔들흔들
저기는 첨벙거림으로
푸르게 밝아오는 온화함으로
호수의 입맞춤으로

그럴 수도, 그의 사랑이
다른 이를 보고 웃을 수도
하지만 그것마저 흔들리기를
이런 흔들림으로

1928년 봄

## 손을 대봐요

손을 대봐요
나의 이마에
당신 손이 마치
내 손인 것처럼

보호해주세요
누군가 죽이려는 듯,
내 생명이 마치
당신 생명인 것처럼

정말 좋아하는 것처럼,
그렇게 사랑해주세요
내 심장이 마치
당신 심장인 것처럼

1928년 3-6월

# 진주

별은 진주, 그렇게 반짝거린다
진주 파편처럼 후드득 내린다
송이째 포도처럼
시원한 물방울처럼

흙덩이는 비록 옅은 빛이지만
그도 안짱다리의 갈색 진주
밭두렁들이 흙덩이를 꿰어
서글픈 대지를 장식한다

내게 네 손은 별
내 머리 위에 희미한 별
내 손은 건장한 흙덩이
네 가슴 위에서 먼지가 된다

흙덩이, 흙덩이는 먼지가 돼버리고,
희미한 별은 떨어져 내리고
우리 가슴을 하나로 엮어
하늘은 또다시 진주가 되리라

1928년 7월 6일

## 산호알 목걸이

네 목에 산호알들
호수에 개구리 머리들
새끼 양 똥,
눈밭에 새끼 양 똥

달무리에 장미꽃
네 허리에 금허리띠
동아줄,
내 목에 동아줄

네 치마 속 다리의 움직임
종 안 추들의 흔들림
강물 속
두 그루 미루나무의 구부림

네 치마 속 다리의 움직임
종 안 추들의 울림
강물 속
말 없는 낙엽들의 떨어짐

1928년 여름

## 붉은 달 주위에


붉은 달 주위에 박쥐들,
벨벳 화환, 꿈틀거리는 벌레들
하늘엔 연분홍 돼지빛
들판엔 서늘한 짚단들

저녁 이슬 젖은 풀잎들
부르르 떤다, 조용히 꼬꼬댁거린다
울부짖으며 거의 하늘로 날아가려다
깃털을 고르며 다시 앉는다

지옥에서처럼 탁하게 쿵쿵대는 소리,
부드러운 풀 위를 걷는 소리
사슴들의 뿔들이 떨어지는 소릴까,
아니면 꽃을 향해 뻗는 가지들인가?

체리의 터질 듯한 입술은 옅은 숨을 내쉰다
마른 억새 울타리에도 걸쳐 있다
그리고 세상 전체가, 그녀의 가슴처럼,
얼마나 빨리 확장되고 수축하는지!

모두가 그녀의 발아래 보물을 바친다
오, 가난이여! 내게 떨어지는가?

누가 허리를 땅까지 숙여 내게 가져올까?
내 열매가 그녀인 것처럼,

1928년 11월 16일

# 아 심장아! 진정해다오!

겨울 하늘이 무기를 꿈꾼다
하늘은 차갑고, 시골엔 바람이 분다
눈발은 약해지고, 나그네가 발을 멈춘다
입김이 손수건처럼 터진다

여기가 어디지? 지푸라기 한 가닥이
얼어붙은 길에서 애써 자리를 찾는다
작고 메마른 민족, 초조해 어쩔 줄 몰라 한다
부서지고, 버석이고, 바쁘게 땀 흘리며 움직인다

그러나 산에는 안개가 침대를 편다
언젠가 네 곁에 앉듯, 나는 그렇게 곁에 앉는다
고요 속에서 불운한 바람의 신음 소리를 듣는다
그저 흘러내린 머리카락만이 내 어깨에 날린다

아 심장아! 진정해다오! 노간주나무 산에서
내 사랑이 날 부르고, 내게 장난을 걸어온다
붉은 새벽빛 새, 날씬하고 왕관을 쓴,
그러나 모든 환상만큼 투명하다

1928년 말

## 주 하느님은 길고

주 하느님은 길고
베이컨은 짧지
가난한 사람은 불쌍하기가
부조와 같지

허리가 굽어 있기는,
들판의 오솔길 같지
농장에 우유를 짜러 가는,
소녀들이 사뿐히 걸어가는

길고도 엄하기도,
그런에도 주고들의 것이기도,
그렇지 않다면 가난한 사람도
절망 속에 그를 의지할 텐데

소시지라도 생기고,
부인에게 치마라도 생긴다면,
경건한 주 하느님께
기꺼이 길들여지련만

신이 한낮의 눈으로
세상의 수많은 길을 내려다본다면,

가장 난처한 두렁길 위에
가난한 사람을 발견하겠지

오늘도 우리를 위해
군대가 되어 오지 않는다면,
가난한 사람은 죽어서도
그 품에 평안을 찾지 못하겠지

1928년

# 메달들

1
나는 코끼리였다, 유순하고 가여운
시원하고 지혜로운 물을 마시고,
언덕 위에 서서 기다란 코로
달과 해를 쓰다듬었다

그리고 나는 나무, 초록하늘소, 뱀, 돌멩이를 집어
그들의 입술에 가져다댔다
지금 내 영혼은, 사람, 나는 천국을 잃고,
끔찍한 귀로 부채질을 한다


2
먼지 한 톨이 여린 이슬에 기어오른다
나는 손으로 구멍 난 바지를 가린다
어린 돼지치기는 울며
돌로 변해버린 얼룩 돼지를 끌어안는다

하늘은 초록 연기, 서서히 붉어진다
울려라, 울림은 둔탁한 호수에 떨어진다
빙판 속에 얼어붙은 우유처럼 흰 꽃,
떨어진 나뭇잎 위 세상이 떠다닌다

3

뒤뚱뒤뚱 거머리를 잡는 어부,
하염없이 바라보는 야윈 돼지치기
둥둥 호수에 떠 있는 왜가리,
모락모락 김이 오르는 신선한 쇠똥 파이

내 머리 위에 피곤해 늘어진 사과,
심장까지 구멍을 파먹은 애벌레,
구멍으로 내다보고 모든 것의 안을 들여다보네
이 시는 꽃이었지, 사과꽃


4

너는 거품일 수도, 설탕 뿌린 우유 위에,
너는 덜컥거리는 소리일 수도, 무서운 밤에,
너는 칼일 수도, 구정물 속에,
너는 단추일 수도, 떨어지는

어린 가정부의 눈물이 이스트에 떨어진다
키스를 구하지 말라, 이 집은 불타오른다
아직 집에 돌아갈 수 있어, 서둘러
연기를 뿜어내는 눈들이 불을 밝힌다

5
벽옥 무릎뼈를 가진 돼지,
나무로 조각한 돼지신 위에 나는 앉는다
아 벨벳 같은 슬픔이여, 우유 위로 보여다오!
내가 죽고 엄청난 수염이 자라난다

내 피부가 움찔하게 되면, 하늘이
내 등에서 모두 배로 흘러내리리,
지방 조각들이 우글거리리라,
별들, 작고 흰 구더기들


6
초록 도마뱀이 반짝이며 나의 운명을 찾는다
밀은 부스럭거린다, 씨를 뿌린다
돌이 빠지면, 호수는 나를 쳐다보고,
울부짖는 사람들의 탄식이 빚은 구름들,

전쟁을 부르는 새벽들,
튀어 오르는 태양들, 떨리는 별들이
평온한 내 머리 주위를 돈다
나의 체온은 세상의 열기


7
문턱에 회색 거품이 찬 양동이,

맨발로 바닥을 쓸고 있는 소녀를 사랑하라,
구정물은 납작이 넘쳐흐르고,
거품은 걷어 올린 소녀의 팔에서 마른다

나 역시 양철 거품 속에 움푹 파인다
그러나 울리는, 자유로운 거품들이 일어나
바다의 말을 타고 끝까지 달려간다
번득이는 계단의 이빨 위에서



8
호박 속에 얼어붙은 검찰관
검은 연미복 차림에 쪼그려 앉아 밖을 내다본다
꼼짝 않고 쳐다본다, 빛과 바람과 안개가
얼마나 걱정하며 덮고, 쓰다듬고, 축복하는지,

내가 썩는 동안, 장미 넝쿨이 나를 덮고,
찬 왜가리들이 솜털처럼 나를 뜯어버리면
나는 가을밤의 따스함이 되어
노인들에게 소름 같은 거위 살이 돋지 않도록 하리



9
나는 친구와 한 침대에서 살지
내겐 시든 백합도 생기지 않겠지,
나에겐 기관총도 없고, 돌이나 화살도 없지만

죽이고 싶지, 모두가 그렇듯이

콩이 거만하게 들썩거리고 씩씩대는 동안
너희들은 야채죽 색 눈으로 보아라
커다란 나의 입술 열기 속에서 떠는 것을,
제비들은 또다시 곤충을 가져다 먹인다


10
나의 턱수염아 쓱쓱, 챙챙, 말려 올라가라,
파종 때의 써레처럼 당겨라,
마치 저 아래 구름들처럼, 저 하늘 위
애무 하나가 주인 없이 허공에 떠 있다

그리고 이 시원한 마술은 당기며, 부드럽게
나의 턱수염에 언젠가 쉬리라,
몸에 좋은 와인처럼 좋은 맛과 향을 내며,
붉게 닿은 수염에서 뒤꿈치까지 흐른다


11
스물세 명의 왕이 산책을 한다
벽옥 왕관을 머리에 쓰고,
노란 수박을 먹고 있네
그들의 왼손에 새로운 달이 비친다

스물세 명의 아이들이 어슬렁거린다
머리 위에는 눌러쓴 모자,
추릅추릅 수박을 먹는다
그들의 오른손에는 새로운 태양이 타오른다


12
납작하게 밟힌 코의 흑인,
더 푸른 하늘을 가진 황인,
얼어붙은 피를 가진 동색 황인,
그리고 악몽처럼 튀어 오르는 백인

……………………………
……………………………
……………………………
……………………………


1928년

## 비가 온다


나는 서 있다, 발밑 웅덩이가
다른 웅덩이 쪽으로 커진다, 그게 일이지
내 발 냄새를 같으려
꼬리를 말아 나린 개가 나타난다
하늘은 비대하고 걱정은 구원이다
주교의 언덕은 깜빡이며 부푼다
휘파람을 불고 싶지만 입에 습기가 찬다
아, 거름처럼 나는 생각에 잠겨
모락모락 김을 낸다 진지하게,
나도 공상한다, 공상가

더 가벼웠던 시절, 나는 휘파람을 불었다…
비가 온다, 진흙과 덧나무가 자라도록,
단지 시원하게 누워 있는 당근 하나,
온순한 솔 하나 그리고 내가
생각에 잠겨 침묵하고 있다

천천히, 전국에 내리는 비는
빠지는 내 머리를 불평한다

나는 곰이다, 으르렁거리는
그리고 터벅이, 아무렴

국도에서 노 저을 일은 없을 테니!

그리고 신발은 중얼중얼, 구시렁거린다
장화 소리라 해도 충분할 정도다

호박은 안절부절, 짚가리는 우수에 잠겨 있다
비가 온다
맨발인 사람들에게, 일 없는 노동자들에게,
비가 온다
덜덜 떠는 탑에, 부드러운 흙에, 소유물에,
흙구덩이에 사는 땅 파는 일꾼들에게,
베개처럼 생긴 시민 주택에,
비가 온다, 비가 온다, 아무렴 그게 일이니

천천히, 전국에 내리는 비는,
힘겨워하며 투덜거리며

1929년 7월

# 곰

절은 베이컨으로 살았지, 시간과 같이
매일 시간은 차고 가고, 누렇게 구부러졌지
짚을 세거나 혹은 하늘을 쳐다보거나
별들 속에 그의 심장이 바스락거렸지

그는 알았지, 산 너머에서 커다란 해가 뜬다는 것을
길거 담뱃대를 빨고 천천히 침을 뱉었지
폭풍이 몰아칠 때면 터벅터벅 걷고
쏴쏴 불어나는 물가에 앉아 귀를 기울였지

정말 그랬지 그런데 지금 이 깊어가는 서벽
한 다발의 아가씨들이 종종거리며 다가와
엥엥, 웅웅, 그는 신경질을 내며
다부진 콧수염 속에서 중얼중얼 투덜투덜

그래, 그렇게 콧노래나 불러대라, 사랑이 떨어지는
나뭇잎 위에 젊음이 쉬어 갈 때까지,
네 머리칼을 은갖 잡초가 덮을 때까지
팔을 당기고 허리를 흔들어대라!

늙어 쪼그라든 네 피부를
프롤레타리아 거위들은 쉽게 쪼아대겠지

서양 모과처럼 흔들리는 네 두 가슴의 미소가
뭉친 털처럼 갈색으로 변하겠지,

펄펄 끓는 네 냄비에 김이 차올라 힘들다고?
뚜껑은 모두 물방울 맺히며 진정되기 마련이지
그리고 새로운 젊은이들은 네 머리에서
깃털 달린 콜라비 같은 옹이들을 찾아내겠지

그래, 노래하라, 장미를 짓밟는 소녀여!…
(비록 억새풀처럼 나무라지만
그는 불길 같은 소녀를 이렇게 잊었지
우리의 운명은 속쓰림만큼이나 괴롭다!)

1929년 8월

## 이슬방울

쪼그려 앉아 흔들리는
딸기나무 가지,
따뜻한 품에 안겨
불룩하고, 기름진 종이가 잠을 잔다

부드러운 풍경, 밤은 진주
조밀하게 엮인 나뭇잎들
언덕 위에서 산의 입김이,
노래가 흔들른다

정말 난 열심히 일했다
초원같이 윙윙 콧노래 부르며
하늘은 얼마나 가벼운지!
작업장은 벌써 어둡다

나는 지치고 바보 같다
아니면 그냥 착한 사람인지도
풀처럼 그리고 별들처럼
나는 떨고 있다

1929년 8월

# 티서주그*

어린 양털 같은 그늘을
침엽수들이 가봉한다
풀리**의 눈빛이 달리고
얼음 위에 발톱을 두드린다

민중들은 우물쭈물 바라기만 하고
작은 집들은 생각을 한다,
짚의 기름진 가죽 모자를
창문 아래로 쭉 내리고

처마 밑에서 암탉은
마치 노파의 영혼이나 된 듯
구슬피 울어젖히고,
탄식이 되어 되돌아온다

안에서도 얼룩 동물들,
맞아서 퍼렇게 멍든 늙은이들이
쪼그려 앉아, 큰 고함을 질러댄다
그냥 공상하지 못하도록

* 헝가리 대평원 얼펠드에 있는 지역.
** 헝가리 양치기 개.

사람이 괭이질을 못하게 되면,
공상할 일이 많아지니까
담배는 아름답고 부드러운 문제,
닳은 손가락 사이에 무명실

늙은이가 무슨 쓸모가 있나? 숟가락을
떨어뜨리고, 흘리고, 식사도 먹여줘야 하지
사료라도 주려 하면 돼지들은 그를
거품이 낀 양동이째 밀쳐버리지

부드러운 농가, 돼지우리는 미지근하지
별에 매단 어스름!
얼어붙은 하늘, 가는 나뭇가지 아래서
절뚝거리는 작은 박새가 흐느낀다

1929년 여름

# 여름

황금빛 늪지, 동의나물,
경쾌하게 넘실대는 초원
은빛 서리로 자작나무는
잔바람을 흔들고, 하늘은 출렁인다

벌이 온다, 다가와, 냄새를 맡는다
웅웅거리다 들장미에 앉는다
성난 장미는 고개를 숙인다
붉지만, 아직 늘씬한 여름

하지만 점점 더 많아지는 부드러운 솟구침
모래 위 새빨간 딸기,
이삭은 꾸벅꾸벅, 사각댄다
폭풍은 낙엽 위에 웅크려 앉아 있다

이렇게 나의 여름은 재빨리 차오른다
바람은 회전초에 나를 싣고 간다,
하늘은 요란한 소리를 낸다 저 위 겨울이
파란, 요정빛으로 번쩍인다

1929년 / 1934년

# 나무꾼

서늘한 숲에서 나는 나무를 자른다
나무의 옹이가 울부짖으며 번뜩인다
흩날리는 머리로 서리가 떨어진다
목덜미로 들어와 간지럼 태운다
나의 시간이 벨벳처럼 흐른다

위로, 위로 그의 얼음도끼가 번쩍인다
땅, 하늘, 눈 그리고 이마가 불꽃을 튀긴다
새벽이 휙, 나뭇조각 불꽃이 튄다
저쪽에서도 한 사람이 나무를 자르며 중얼댄다,
나무를 잘라도 겨우 남는 건 그 가지라니

어이, 나무 밑동 자르고 푸념하지 말라,
온갖 자잘한 조각들에 신음하지 말라!
네가 운명을 찍어대면,
지주의 대초원은 비명을 지를 것이다
널찍한 도끼가 미소를 짓는다

1929년 11월 / 1931년 2월

# 베들레헴

아마포 안개 속 부드러운 까마귀들이 앉아 있고,
축 처진 측백나무 위, 어스름이 둥지를 틀고 있다
지팡이를 든 두 명의 양치기와 세 왕이
낮은 방 흙바닥 위에 기대어 눕는다
아주머니가 창고 사다리를 타고 내려온다,
하늘에서 천사! 다섯 사내가 그녀를 찬미한다
늙은 일꾼은 가축우리에 똥을 쌓아 올리고,
단정치 못한 닭들은 경문을 읊으며 울어댄다
얼어붙은 짚단 속에 진흙투성이 감자가 웅크려 있고,
면도하지 않은 턱을 한 지푸라기가 우울해하고,
멀건 수프 냄새가 노래와 함께
천장으로 위로를 뿜어낸다
노란 종이 공책 위에 기거하시는 예수님,
여기저기 놓여 있는 종이 가축들 사이에서 기뻐하시네
불빛 가까이에는 유순한 동물들이
가축우리 주위에서 뛰노는 것 같다
하지만 이건 사실이 아니다, 지주의 바람은
 일꾼 몫의 지푸라기를 날려버리고 헝가리인은 김을 내고 있다
 그리고 두 양치기는 꼬아 만든 컬라츠를 우물거리고

세 왕은 팔린커*를 꿀꺽이며 마신다

1929년 12월

* 헝가리의 전통 과일 증류수.

## 베들레헴의 왕들*


우리 주, 예수님, 예수님!
우리는 세 명의 왕이랍니다
불타오르는 별이 우리 위에 떠 있었죠
빨리 오려고 걸어왔습니다
어린 양이 말하기를, 분명히
여기에 예수 그리스도가 사신다고요
저는 멜키오르 왕입니다
도와주세요, 사랑스러운 신이시여!

주님의 아들, 안녕하세요, 안녕하세요!
우리는 늙은 신부들이 아니랍니다
당신이 태어나셨다고 들었지요
가난한 이들의 왕이 되셨다고,
잠깐 들여다보려고 들렀어요
우리의 구원, 하늘나라여!
전 가스파르랍니다 이 세상에서
왕과 비슷한 종류의 사람이지요

* 이 시는 앞의 시 「베들레헴」과 대조적으로 사랑스러운 분위기를 가진다. 헝가리에서 초등학교 저학년 아이들이 크리스마스 공연에 자주 쓰는 시이기도 한데, '빨리 오려고 걸어왔다'는 표현에서 유머러스한 말투를 느낄 수 있다.

우리 주, 구세주, 구세주!
우리는 따뜻한 나라에서 왔답니다
구운 소시지는 모두 떨어졌어요
광낸 장화도 닳아버렸지요
여섯 줌의 금과
쇠냄비 가득 향을 가져왔답니다
저는 발타사르예요
사라셀의 왕이지요

얼굴이 붉게 물든 마리아, 마리아,
축복에 가득 찬 아기 엄마
소나기처럼 흐르는 눈물에
아기 예수를 볼 수가 없네
많은 목동들이 모두 연주를 하네
이젠 어느덧 수유해야 할 시간
친애하는 세 왕들이시여
안녕히 주무시길 바랍니다!

1929년 12월

# 연기

달 앞에 꽃을 피우는 작고 가녀린 연기
은으로 묶고, 풀고, 흔들리고, 눕는다
너는 그 사이로 투명히 비춘다, 하늘의 서늘함이여

나는 많은 고통을 겪었고, 그래서 여위었다
일상의 문제들처럼, 나도 사라지리라
너는 나를 투명히 비춘다, 하늘의 서늘함이여

사라지리라, 멀리, 하지만 삶을 위한
부드러운 떨림은, 세상을 흔들고
너를 투명하게 비춘다, 하늘의 서늘함이여

1930년 1월

## 레괴시* 노래


새까만 코의 황소 젖을 짰지,
전설, 여우, 감추기,
황소 젖 속에 운명을 바라보기,
전설, 여우, 감추기,
좋은 쇠로 만든 내 일곱 양동이,
전설, 여우, 감추기,
불에 올려 거품을 내기,
전설, 여우, 감추기,
불꽃 이는 양동이에 뚜껑 덮기,
전설, 여우, 감추기,
장미를 따러 여기저기 달리기,
전설, 여우, 감추기,
장미 속에 농부의 호밀이 흔들리네,
전설, 여우, 숨기기,
작업반장 심장은 양배추 속으로,
전설, 여우, 숨기기,
농장주에게 아첨을 해도,

* 동유럽에서 전해오는 민속놀이. 약에 취한 듯한 샤먼이 의미가 불분명한 후렴구를 반복하며 저주의 내용을 노래하던 것이었으나 중세를 지나며, 젊은이들이 노래를 부르면서 집집을 돌아다니며 선물을 받는 풍속으로 바뀌었다.

전설, 여우, 숨기기,
농부에게 몽둥이로 지불하네,
전설, 여우, 숨기기,
건초는 지푸라기가 되어라,
전설, 여우, 숨기기,
한 접시의 국수는 거머리로,
전설, 여우, 숨기기,
염소의 뿔은 불꽃이 되어서,
전설, 여우, 숨기기,
그들의 이불 속을 찌르기를!
전설, 여우, 숨기기,

1930년 4월

# 슬픔

나는 사슴처럼 달렸다,
눈 속엔 부드러운 슬픔이
나무를 물어뜯는 늑대들이
내 마음속에서 나를 쫓고 있었다

오래전 버려진 나의 뿔은
부러진 채 나뭇가지에서 흔들리고 있다
일찍이 나는 사슴이었지만
늑대가 되리라 이것이 나의 슬픔

늑대가 되리라, 멋진 나는
마술 지팡이에 맞은 듯 멈춰 선다
늑대 친구들은 모두 거품을 물고 있다
나는 미소를 지어보려 한다

노루 소리에 귀를 기울이고,
잠들기 위해 눈을 감는다
검은 갈기 잎들이
내 어깨 위에 덮어져 내린다

1930년 6월

# 군중

일을! 빵을!
일을! 빵을!
군중이 온다, 군중이!
마치 놀란 파리 떼같이
그들에게서 돌들이 날아간다
마치 쇠몽둥이에 맞은
사람의 번쩍 뜬 눈에
작은 불꽃처럼 돌들이 튄다
군중은
움직이는 거대한 숲,
그들이 멈춰 서면, 피는 뿌리가 되고
농토는 그들의 발바닥, 손바닥이 된다
그들의 빵은 수십만의 산이 될 수도,
안개로도 그들의 음료를 덮지 못할 수도
안개는 산을 덮는데,
군중들에게 빵은 없다

군중은
빵 반죽처럼 이리저리
처지고 부풀어 오른다
응집된 태곳적 세포,
아메바처럼 늘어나며

삐죽이는 촉수들을 뻗고
또 다른 돌기를 거둬들인다
세상이여, 군중이 널 삼키려 한다!
구름을 몰아내는 콧바람,
들쭉날쭉한 노동자 숙소 같은
듬성듬성 난 이빨들,
닿는 곳까지 허둥대며 팽창한다
곡물 창고, 공장, 짚단을 얻기 위해,
일곱 시간 근두를 얻기 위해,
큰곰자리, 백즈자리를 얻기 위해,
물이 풍부한 대평원의 우물을 얻기 위해,

축축하고 굽은 내 할아버지들,
사랑스럽고 여윈 내 아가씨들이
그 군중이다
그들 주위로 연기를 뿜는 총구들
지푸라기는 강을 휘젓네,
보라, 홍수가 덮쳐 쓸어가버린다!
그리고 나무 의자를,
상자를, 자동차들을,
군모들을, 말들을,
물 밖으로 보이는 칼들을,

오!
다른 모든 것은 소용없는 짓,
흥정, 저주, 침묵, 말!

그가
건물이며 건축가이고
아래 초석이며 위 지붕이고,
근로자, 설계자이다
노동자여, 농부여, 만세!
시민의 술수에 걸리지 말고
백만 개의 다리로 차버려라,
후! 군중들이여, 전진하라! 전진하라!

1930년 9월 1일

## 우리 엄마

어느 일요일 저녁 무렵,
두 손에 그릇을 감싸 쥐고,
어스름 속에서 말없이
미소를 지으며 잠시 앉아계셨지

엄마는 주인댁에서 본인의 저녁거리를
작은 냄비에 담아 집으로 가져오셨다
우리가 잠자리에 들었을 때, 나는 생각했다
주인댁은 큰 솥에 끓여먹겠지

우리 엄마는 작았고, 일찍 돌아가셨다
세탁부는 일찍 죽으니까
봇짐에 다리가 휘청이고,
다림질로 머리가 아프지

높은 산과 숲 대신 더러운 빨래 더미!
마음에 안정을 위한 구름 놀이 대신 증기,
세탁부에게 요양이란 고작
저기 다락방이니

보인다, 다리미를 들고 서계신 모습
가냘픈 육신을 자본은 허물어트리고,

엄마는 항상 더 여위어갔지
생각해보라, 프롤레타리아들이여

빨래로 등이 좀 굽어 있던 젊은 부인,
꿈에선 깨끗한 앞치마를 둘렀고
우체부가 그녀에게 인사를 했다는 것을
난 몰랐었네

1931년 1월 6일

## 홍스

"어디! 자네들, 어디로? 어디로?"
"무슨 일이든, 일을 주는 곳으로,
넓은 세상에 여기든 저기든,
봇짐 속엔 달랑 한 달 반 치의 식량,
우리는 파업을 했는데, 이제 우물도 없소
작업대엔 곰팡이가 풀을 뜯고,
물이 줄줄 새는 숙소에 가족이 있는데,
어떻게 더 머물겠소?"

하늘에 구름이 있다면,
불타는 수건처럼 펄럭거리리
대지에 수박이 있다면
지글대며 펄쩍 뛰어오르리
"이 샛강에서 몸을 씻고,
셔츠를 빨고,
그다음 계속 길을 떠나려오
아무 일이나 닥치는 대로 하려 해요"

하지만 고래그래 소리치는 샛강지기,
지팡이를 휘드르며 파수꾼이 말을 하네,
물장군이 으르렁거리네,
지주의 멍청이, 늑대 같은 머슴 놈이

"썩 꺼져버려라, 이 다섯 떠돌이들아!
여기서 냉큼 도망가라고, 게을러빠진 놈들아!
이곳은 뜨내기들이 목욕하는 곳이 아니다,
방랑자들이 떡 감을 곳은 없다"

"세상의 모든 물을
집으로 끌어모아봐, 이 물치기야!
구역질 나는 네 지주의 마당에서
물방개한테 귀뚜라미 연주나 시켜라!
거기에다 농가를, 양우리를,
더 큰 지주에게 어울리게 세워봐,
머리 위에 물로 지붕을 이고
발바닥 아래로 물로 널빤지를 깔아라!"

"쇠로 된 이빨 써레로
거품 이는 바다를 갈아라!
길게 내리는 비를 심어,
아들에게 짚단을 쌓게 하라!
생선 비늘이 충분히 모이거든,
붕어잡이들을 위해 술집을 열라!
소용돌이 모자를 머리에 쓰라!
물웅덩이 장화를 신으라!"

"그의 누비이불은 잔잔한 강물,
그의 벼룩은 개구리!
딸애는 치마 속에서

송사리를 찾아라!
포클레인으로 잠을 파라!
그의 새벽은 초록이 되어라!
모두 헐어버리라, 쓸어버리라!
가난한 이들의 홍수여!"

프롤레타리아들아! 어디로, 어디로?
보라. 저기도, 둘, 그리고 셋,
천! 수천 수백만!
세계에 거품처럼 일어난다
피거품이 일고, 쇠가 쏟아진다
분열된 우리 땅에 넘쳐흐른다
그리그 단일된 순간을
축하하듯 크게 울린다

1931년 초 / 1934년

## 사회주의자들

 자본주의 타도! 힘과 고기를 노동자에게!
 자본의 쓰레기 속을 헤쳐나갈 때, 우리의 소중한 무기들이 엉덩이를 찔러댄다
 찌르라, 쉼 없이 자꾸 찌르라, 소중한 무기여!
 다시, 또다시 깨닫게 하라! 전쟁에 투쟁 없는 우연한 승리는 없다는 것을

 서두르지 않는다, 우린 강하다, 수많은 우리의 산 자와 죽은 자,
 지하에서, 광산에서, 네모난 구덩이에서 우리는 언덕 위로 올라 조언을 하노라
 시간이 안개를 걷어내고 우리의 정상이 또렷이 보인다

 시간이 안개를 걷고 있다 그리고 이 시간은 우리 자신이 가져왔다
 우리의 투쟁, 우리의 준비된 가난과 함께
 노동자가 자르기도 전 곰팡이가 피어버린 빵과
 노동자가 끓이기도 전 곰팡이가 낀 죽과
 노동자가 우유 단지에 담기도 전 시큼해진 우유와
 노동자의 청춘이 고동치기도 전 싸구려 매춘이 되어버린 키스와
 노동자가 이사하기 전 무너져 내린 집과

노동자가 입기 전 누더기가 되어버린 옷과
노동자가 태어나기 전 억압이 되어버린 자유와
노동자가 자르기 전 씹는 담배가 되어버린 시가와
견습공이 자라서 망치로 내려치기도 전
노동이 되어버릴 자본을 가지고
세상이여!
철이 가장 하얗게 불타오르는 곳!

시여, 나아가라, 계급투쟁의 전사가 되어라! 대중과 함께 날아오르리라!

너는 남쪽으로 가라, 너는 서쪽으로, 그리고 나는 북으로, 동지여!


1931년 / 1932년 겨울

## 슬픔

그저 나는 나왔다, 여기 숲 안으로,
부드러운 흔들림, 전단지들처럼 나뭇잎이 산들거린다
대지의 침묵이 누워 있다, 무겁다

가지들, 팔을 뻗는다
모든 권력을!… 내 부스스한 머리로
마른 나뭇가지가 떨어진다 마른 가지들이 떨어진다

그저 잠시, 잠시 동안 날 버린 것뿐이다,
웅웅거려라, 숲의 동지여! 난 이를 간다
한순간도, 단 한순간도 날 버리지 않았다

거칠게 울부짖던 맹수가 나를 덮쳤고
나는 힘을 추스르려 밖으로 나왔다
마치 아낙이 나뭇가지를, 슬픔을 모으듯

눈물방울, 한 마리 개미가 마시고
생각에 잠겨 그 속에 얼굴을 비춘다
그리고 더 이상 일을 하지 못한다

1931년 가을

## 노동자들

자본의 제국들이 회전한다,
세계를 찢어발기는 이빨들이 덜컥거린다
유순한 아시아를, 곤두선 아프리카를 씹어먹는다
새 둥지 같은 작은 마을을 내려친다
바다는 하나의 혀! 생산하는 폭식,
숨을 곳 찾는 작은 나라들에 노란 입 벌리고
자본은 입김을 내뿜는다
눅눅하고 쾌퀴한 구름이 우리를 뒤덮는다

어금니가 씹는 곳, 도시의 거친 부분,
철광산의 미둥이 건들거리고,
기계는 털털, 사슬은 웅웅, 삐격대는 궤짝 널빤지
플라이휠 벨트가 혀를 차며 입맛을 다시고,
쳇소리를 내는 변압기들이
쇠 가슴 발전기를 빨아먹는 곳,
우리가 사는 바로 이곳, 그리고 우리 운명을 함께 묶는
여인들, 아이들, 선동자들

여기에 우리가 산다! 우리 신경은 썰룩거리는 그물,
과거라는 미끄러운 물고기가 그 속에서 버둥거린다
임금, 노동력의 대가,
주머니 속에 짤랑거리며 우리는 그렇게 집으로 간다

빵이 놓인 식탁 위 신문
우리는 자유인이라는 기사,
전등으로 빈대들을 쫓고
소다수 이 데시리터를 섞은 포도주로 우리 자신에 경의를
표한다

동무와 밀고자가 조용히 다니는 이곳,
취객은 비틀거리고, 젊은이는 매춘굴을 배회한다
밤은 배를 깔고 누워 있다 여드름 투성이 가슴이
더러운 셔츠 밖에 삐져나오듯, 연기 밖에 드러나 있다
우리는 이렇게 산다, 부서진 채 코를 골며 잔다
속이 빈 나무 더미처럼, 서로의 등을 베고
부서져 내리는 벽에 곰팡이가 그리는
우리나라의 국경, 집은 축축하다

그러나 동지들이여! 이것이 바로 노동 계급이다,
계급투쟁 속 철갑을 입고 있다
그를 위해 우리는 굴뚝처럼 우뚝 서리라, 보아라!
그를 위해 우리는 쫓기는 자처럼 숨으리라
역사의 컨베이어 벨트 위에 설치된 채,
세계는 이렇게 만들어진다
이곳에서 노동 계급은 캄캄한 공장에
인간이 주조한 별을 달리라!

1931년 12월

# 영하

생각에 잠긴 가을에 광포하게,
눈을 뿌리고 싶다는 생각을 하는 지금,
혹독한 영하의 깨끗한 창문을
격노한 날씨가 두드린다

은행가들과 장군들의 시간,
지금 이 시간,
이 단련된 추위,
이렇게 번쩍이는 칼의 시간

철 옷을 입고 울리는 하늘
폐를. 누더기 속 맨살 가슴을
영하의 날씨가 관통하여 찌른다
숫돌 위에서 비명을 지르는 시간

저 뒤에 숨을 죽이고 쌓여 있는
차가운 빵, 통조림, 얼어붙은 물건들이
얼마나 많은가,
진열창의 시간

사람들이 외친다, "돌은 어디에 있지?
그 얼어붙은 쇳조각은 어디에 있지?

던져라! 깨트려라! 안으로 들어가라!"
어떤 시간인가! 어떤 시간인가!

1931년 12월 / 1934년

## 죽은 지방

물에서 김이 오르고,
황야에 시든 골풀이 대롱거린다
드높음은 두툰한 거위털 이불 속에 숨고,
짙은 고요가 눈 쌓인 들판에 저벅인다

비대한 어스틈은 기름지고 고요하다
평평한 저지대, 둥글고 정연하다
아직 살얼음 언 호수에 거룻배 하나가
삐걱삐걱 독백을 한다

얼어붙은 나뭇가지 사이에서
숲이 덜덜 우는 시간을 낳는다
쩍쩍거리는 울음은 이곳에 이끼를 찾아내고
앙상한 말을 쉬도록 묶는다

그리고 포도나무 중간엔 자두
밑동들엔 축축한 짚
늙은 농부들이 짚고 다닐 법한
줄지어 있는 가는 지지대,

농장, 그 주위를
빙빙 두르고 있는 이 풍경

겨울 손톱이 조금씩
벽에 석회를 긁으며 장난을 친다

열려 있는 돼지우리 문
간신히 매달린 채, 바람이 만지작대자 삐걱거린다
어떤 길 잃은 돼지가 들어올까,
혹시 옥수수밭이 통째로 들어올 수도!

작은 방엔 작은 농민들,
한 명이 담배 대신 건초를 피운다
기도는 이들에게 도움이 안 된다
이들은 어둠 속에서 생각에 잠겨 앉아 있다

얼어도 포도는 영주들에게 얼고
울려도 숲은 그들에게 울고
호수는 그들의 것, 얼음 아래 살진 물고기들도
그들을 위해 진흙 속으로 숨는다

1932년 1월

# 어떻게 될지 말해봐요

이 사람의 운명은 어떻게 될지 말해봐요
괭이 자루가 없는 사람
수염엔 빵가루 앉을 일 없고,
어두운 근심 속에서 시간만 죽이는 사람
자기 몫의 감자를 좀 심으려 해도
괭이질할 빈 땅 하나 없고,
한 움큼씩 빠지는 머리카락을
본인도 모르는 사람?

이 사람의 운명은 어떻게 될지 말해봐요
땅 다섯 홀드*를 지어 먹는 사람
꾀죄죄한 암탉이 볏짚에서 울어대고
곡식 창고는 걱정의 온상,
멍에가 덜걱대지 않고
수소도 기지개를 펴며 울지 않죠, 없으니까
자기 식구 끼니를 해결할 때도
그릇 바닥에서 김이 오르는?

이 사람의 운명은 어떻게 될지 말해봐요

* 토지 넓이의 단위. 1930년대 가장 가난한 소작농들의 부지.

혼자 살고, 혼자 버는 사람
이 맛 저 맛 아무 맛 없는 수프,
외상을 안 주는 양념 장수,
불이나 땔 만한 부서진 의자 하나,
금 간 화덕 위에 앉아 있는 고양이,
시계추처럼 흔들리는 집 열쇠,
쳐다보다, 쳐다보다 혼자 잠드는 사람?

이 사람의 운명은 어떻게 될지 말해봐요
가족을 위해 일하는 사람
양배추심을 먹으려 서로 싸우고,
영화는 맏딸만 보러 가죠
여자는 항상 빨래를 하죠, 진창 속 주검,
입맛은 야채죽 같고
전등을 끌 때는 엄격하고
고요가 귀 기울이고, 어둠이 더듬거리는?

이 사람의 운명은 어떻게 될지 말해봐요
공장 주위를 배회하는 사람
여자와 창백한 낯빛의 아이가
그 남자의 일자리에서 캡슐을 줍고 있죠*
쓸데없이 울타리를 넘보고,
쓸데없이 바구니나 비닐을 들고 다니죠
길에서 잠이라도 들면 흔들어 깨우고,

* 탄환이나 탄환의 캡슐을 만드는 공장 일로 보인다.

도둑질을 하면 잡히고야 마는 사람?

이 사람의 운명은 어떻게 될지 말해봐요
소금, 감자, 빵을 저울에 달고
외상으로 신문지에 싸주는 사람
저울은 털지 않고,
희미한 불빛 속에서 투덜대며 포장하죠
'세금은 길고, 임대료는 거대하다'
등유를 바가지 씌워 팔아도
별로 남는 게 없는 사람?

이 사람의 운경은 어떻게 될지 말해봐요
두려워하며 이렇게 노래하는 시인,
아니는 바닥 닦는 일을 하고
자신은 베끼는 데 급급하죠
그이게 이름이 있다 해도,
세탁세제 브랜드 상표 같을 뿐,
또 한 번의 생이 있다면,
그의 삶은 프롤레타리아 후세의 것이 될까?!

1932년 1월

## 도시 외곽의 밤

옆 마당에서는
빛 그물을 천천히 끌어 올리고
강바닥에 패인 웅덩이처럼,
우리 부엌은 벌써 어스름이 가득하다

고요―, 느릿느릿 일어서
청소 솔이 벽으로 기어오르는 듯하다
작은 돌 조각 하나가 위에서
떨어져 내릴까 생각에 잠겨 있다

기름때 누더기를 걸친 밤,
하늘에 멈춰 한숨을 내쉰다
도시 변두리에 앉는다
일어서 주춤거리며 광장을 건넌다
아주 적은 달에 불을 밝힌다

폐허처럼 서 있는
공장들
아직도
그 안에 더 짙은 어둠이
적막의 받침돌을 만들고 있다

방직공장 창문에
다발로 비추는
달빛,
나무 베틀 위,
달의 부드러운 빛은 실
일이 시작되는 아침까지,
기계들은 심술궂게
무너져 내리는 여방직공들의 꿈을 짠다

둥근 아치의 묘지보다도 더 먼
제철소, 시멘트 공장, 나사 공장
메아리 울리는 가족 묘,
우울한 부활의 비밀을
공장들은 간직하고 있다
고양이 한 마리가 나무 담장을 긁어대고,
미신을 믿는 야간 경비원은
유령을, 찰나의 광신호를 본다
서늘하게 번쩍거리는
딱정벌레 껍질 모양의 발전기들
차갑게 번쩍거린다

기차 기적 소리

축축함이 어스름 속에서
땅에 쓰러진 나무의 낙엽을 더듬거리고,
거리의 먼지를

무겁게 한다

거리엔 경찰, 중얼대는 노동자
한두 명 전단지를 든 동지가
서둘러 지나간다
개처럼 킁킁대며 앞으로 나아가고
고양이처럼 쫑긋 뒤쪽에 귀를 기울인다,
등이 비치는 모든 길을 피해서

썩은 빛을 토해내는 선술집의 입,
웅덩이를 게워내는 창문
그 안에 등불이 숨을 헐떡이며 흔들린다
날품팔이는 홀로 밤을 지새우고
선술집 주인은 씩씩대며 존다
벽을 향해 이를 가는
그의 비탄은 계단마다 끓어오른다
운다, 혁명 만세를 부르짖는다

식어버린 광석처럼
얼어붙어 출렁이는 물
길 잃은 개처럼 떠돌던 바람은,
크고 늘어진 혀로
물을 핥는다
뗏목 같은 짚단들은
넘실거리는 밤을 타고 말없이 헤엄친다

창고는 좌초한 배,
주조 작업장은 철 나룻배
주철소는 주조틀 속에
빨간 갓난아기를 꿈꾼다
모든 것이 축축하고, 모든 것이 무겁다

가난한 나라의
지도를 그리는 곰팡이
황량한 들판 위,
넝마 같은 풀밭에 넝마들, 종이,
기어갈 듯! 움찔거리지만
출발하기에는 힘이 없다…

축축하고, 끈적이는 바람의 분신,
더러운 이불의 펄럭임인
오 밤이여!
밧줄 위 올 풀린 무명천처럼, 생에 우울처럼,
너는 하늘에 걸려 있구나
오 밤이여!
가난한 사람들의 밤이여! 나의 석탄이 되어주어라
내 심장에서 연기를 피우고
내 안에 강철을 녹여,
쪼개지지 않는 모루를,
탕 소리 내는 망치를,
휘어진 칼날을, 승리를 위하여,
오 밤이여!

밤은 진지하고, 밤은 무겁다
형제들이여, 그럼 나도 잠에 듭니다
우리 영혼에 고통이 앉지 않기를
우리 육체를 해충이 물지 않기를

1932년

## 듬성한 숲 아래

듬성한 숲 아래 미지근한 호수
빨간 벌레가 구멍에 숨는다
조그만 회색 드꺼비에 풀이 흔들리고
밭에는 포플러가 슬퍼한다

키 큰 강아지풀 숲에 배를 깔고 코를 고는
속이 빈 통나무, 그 끝에 핀 버섯
부드러운 이끼와 기름진 나무판,
풍만한 가슴의 오래된 나무통이 통나무를 본다

풀린 채 떠다니는 긴 바람,
'늦은, 아름다운 오후다, 늦었다'
곱슬거리는 나뭇잎들을
웅웅거리는 볕이 빗어 내린다

그리고 젖을 굴리는 안개의 가슴이
주름진 치마 같은 산속에서 흘러넘친다
이러했다, 먼지 속에 한 사람이 앉아 있다가
헤져가는 표식들 사이에 사라졌다

1932년

# 일곱 번째

이 세상에 터를 잡는다면,
엄마에게서 일곱 번 태어나기를!
한 번은 활활 타오르는 집에서,
한 번은 얼음 홍수 속에서,
한 번은 정신병원에서,
한 번은 아름답게 고개 숙인 밀밭에서,
한 번은 종소리 울리는 수도원에서,
한 번은 돼지우리 속에서,
여섯이 울지만 무슨 소용인가?
일곱 번째는 바로 네가 되어라!

적이 너를 마주하거든,
일곱 사람을 찾아내기를
한 명은 휴일을 시작하는 사람,
한 명은 일을 하고 있는 사람,
한 명은 공짜로 사람들을 가르치는 사람,
한 명은 수영하라고 물에 던져진 사람,
한 명은 숲의 씨가 되는 사람,
한 명은 조상이 울부짖으며 보호하는 사람,
온갖 책략도 충분치 않아,
일곱 번째는 바로 네가 되어라!

네가 사랑을 찾아다니거든,
여자 뒤를 일곱이 쫓아다니기를
한 명은 말을 위해 심장을 주고,
한 명은 받은 것은 돌려주고,
한 명은 사색에 빠지게 하고,
한 명은 치마 깃을 더듬고,
한 명은 단추가 어디 있는지 알고,
한 명은 손수건을 짓밟고,
고기에 꼬이는 파리처럼, 그녀 주변을 맴돌아라!
일곱 번째는 바로 네가 되어라

시를 쓸 돈이 있다면,
그 시를 일곱 명이 써라
한 명은 대리석으로 마을을 짓고,
한 명은 잠들었을 때, 태어나고,
한 명은 하늘을 재고 고개를 끄덕이고,
한 명은 단어의 이름으로 불리고,
한 명은 영혼을 걸고 거래하고,
한 명은 살아 있는 쥐를 해부하고,
두 명은 전사 학자는 넷,
일곱 번째는 바로 네가 되어라

만약 씌어진 대로 모두 됐다면,
일곱 사람처럼 무덤에 묻혀라
한 명은 온 가슴이 안아 달래고,
한 명은 단단한 가슴을 잡고,

한 명은 빈 그릇을 집어던지고,
한 명은 가난한 사람의 승리를 돕고,
한 명은 부서지게 일을 하고,
한 명은 그저 달을 쳐다보고,
세상의 비석 아래로 간다!
일곱 번째는 바로 네가 되어라

1932년

# 곰 춤

곱슬곱슬, 쇠즐 매고, 춤추는 멋쟁이,
둥근 발바닥 참으로 멋지구나!
무거운 몸을 어디로 끌고 가니?
예쁜 아가씨틀 돌아보렴!
브룸머, 브룸머, 브룸머드저

유뚇하고 값비싼 털옷을 입었소,
스무 개 발톱으로 직접 기웠소
담비, 족제비, 다람쥐,
개오 늑대로 간들었다오
브툼머, 브룸머, 브룸머드저

가을까지 진즈를 골라내어,
이렇게 이빨예 매달았소
아홉 아이가 딸린 집에
내 허리가 픨요할 텐데,
브룸머, 브룸머, 브룸머드저

내가 느리게 걷는 이유는
화가의 데생을 위해서요,
아주머니의 머리는 마침
아주 멋진 붓이 되겠군요

브룸머, 브룸머, 브룸머드저

솥단지만큼 보물이 있는 사람은,
단단한 주먹으로 한 움큼 쥐어서,
그만큼이 없다면, 손톱만큼 쥐어서,
기꺼이 곰에게 주시오
브룸머, 브룸머, 브룸머드저

햇빛 밖으로 고개를 내미는
동그란 구리 꽃은 아름답지!
한 집행관의 두 손은
주머니에 뿌리 내린 지 오 주째라네
브룸머, 브룸머, 브룸머드저

짐승들은 공짜로 기분을 내죠,
돈 내지 않는 사람, 그가 바로 곰이에요
발이 시리면
관 뚜껑을 덮으세요
브룸머, 브룸머, 브룸머드저

1932년

## 돼지치기

내가 모는 가축 무리는
꼬리가 돌돌 말려 있지
코에는 헝가리 방식으로
작은 금고리가 반짝이지

짧은 혀 소리 내는 새끼 돼지 하나 있지
부다페스트의 귀족 부인,
한숨을 내쉬는 동시에
물손에 자신을 비춰보지

내지는 아주 작은 수돼지 하나 있지
부드러운 말로 잘 길들여진
한번 작정하고 이빨로 땅을 파헤치면
바위 궁전을 넘어트리지

볼품없는 작은 피리 하나 있지
특별할 것 없는 대추야자로 만들어진
내가 불면, 드토리가 떨어지고
나무들이 춤을 추지

내가 찰싹 치찍을 내려치면
사방에서 구름이 몰려드네

구리 손잡이에 불꽃이 튈 때면,
얼마나 많은 치마가 흠뻑 젖는지!

1932년

## 화물 열차가 들어온다

화물 열차가 들어온다
꿈같이 철렁이는 소리가
적막한 경치에
가벼운 수갑을 채운다

달은 해방을 맞이한 듯
그렇게 쉽게 떠오른다

부서진 돌들이
자기 그림자 위에 눕는다
빛난다
자신들에게,
한 번도 그 자리에 있어보지 못했던 듯,
그렇게 자기 자리에 있다

이 무거운 밤은
얼마나 거대한 밤의 파편인가?
쇳즈각이 먼지에 쏟아지듯,
밤은 우리에게 쏟아져 내린다

해를 낳은 갈망이여!
침대가 그림자를 맞아들일 때,

그 완전한 밤에도
깨어 있을
것인가?

창고
앞에 먼지 덮인 등이 켜져 있다
그저 보일 뿐, 비추지 않는다
이성理性 또한 갈구할 때 이렇다
생기에 가득 차 깜빡인다
비록 하늘은
커다란 죽음의 빛일지라도

1932년경

# 겨울밤

규율을 지키며!

여름이 벌써 다 타버렸다
넓게 널린 숯덩이들 위에
약간의 가벼운 재가 부르르 떤다
고요한 시골,
대기의 여린 창을
뾰족한 관목 가지 두어 개가 할퀸다
아름다운 무인간無人間
끈 같은 오직 얇은 은박 포장지 조각 하나가
관목 한쪽에 단단히 걸려 있다
세상이란 가지 덤불에도
그 정도의 미소와 포옹은 걸려 있으니

저 멀리, 늙은 산이
굳은살이 박인 고단한 손처럼
노을의 불씨를,
김이 오르는 농가를,
계곡의 둥근 고요를, 헐떡이는 이끼를
움찔거리며 쥐고 있다
농부가 집어 돌아온다, 고단하다
팔다리가 도로 땅을 향한다

금 간 괭이를 지고 터벅터벅 걷는다
괭이자루가, 쇠 머리가 피를 흘린다,
점점 더 고단한 팔다리,
점점 더 무거운 연장을 들고,
존재에서 집으로 돌아가는 듯하다

굴뚝에 연기처럼, 벌써 저녁이 피어오른다
반짝이는 별들과 함께

느린 종소리가 물결치며
벌써 푸른 철의 밤을 가져온다
영원에서 영원으로
마치 심장이 멈춰 서고, 그리고 사라짐이 아닌
그 어떤 것, 아마도 대지가 두근대는 듯하다
종은
겨울밤, 겨울 하늘, 겨울 광석 같다
종의 혀는 땅, 단련된 땅, 무겁게 흔들리는
그리고 심장은 그 소리

울림의 기억이 날아오른다, 그 정신이 듣는다
과일, 밀, 빛과 짚이
여름내 쏟아져 내리던 하늘,
그 경첩에 매달린 문을 고정하려
겨울이 모루를 내리친다,
겨울밤이
관념 그 자체처럼 반짝인다

은빛 어둠의 침묵이
달로 세상을 걸어 잠근다

찬 허공을 가르며 까마귀가 날고,
고요가 식는다, 뼈여! 고요가 들리는가?
분자들이 서로 충돌한다

이런 겨울밤들은
어떤 진열장에서 빛나는가?

서리에 칼을 빼 든 나뭇가지
평원의
검은 한숨이 터진다
안개 속에서 까마귀 떼가 흔들리며 앉아 있다

겨울밤,
그 속에 각자의 작은 겨울밤같이,
화물 기차 하나가 평야에 다다른다
그 연기 속에 떠도는 별들이
이 미터만큼의 무한 속으로
궤도를 그리다 소멸된다

화물 기차의 얼어붙은 화물 위로
작은 생쥐처럼, 빛이 가로지른다
겨울밤 빛이

도시 위에는
겨울이 여전히 김을 내지만,
번쩍이는 플랫폼 위에는
파란 얼음을 뚫고 노란 밤빛이
도시를 향해 달린다

도시에서는 차가운 밤빛이
일터를 세우고,
고통스럽게 찌르는 무기를 생산한다

도시 변두리에는
젖은 짚처럼 등불이 떨어진다
더 후미진 구석에는
서거서걱 얼어붙은 외투가 떨고 있다
한 사람이 앉아서
땅처럼 몸을 움츠리지만, 아무 소용이 없다
겨울이 그의 발을 밟는다…

검붉은 잎을 단 나무가
어스름 밖으로 고개 내민 곳에서,
나는 겨울밤을 재어본다
주인이
소유지를 내려다보듯

1933년 1월

# 한 어린아이가 운다


캄캄한 방구석에서 흐느낀다
어쩔 줄 모르고 웅크려 있는 한 아이가
구두 밑 모래처럼 운다
무거운 바다처럼 몸부림친다

북쪽으로 열린 계곡처럼 눈물에 젖어 있다
젖은 눈두덩처럼 눈물에 젖어 있다
돌 아래 흙처럼 눈물에 젖어 있다
창문의 유리창처럼 눈물에 젖어 있다

물에 흐느끼는 석회처럼 운다
냄비 뚜껑 아래 흐르는 물처럼 운다
불길이 소화시키는 죽은 나무처럼 운다
작업장의 컨베이어처럼 운다

사람, 동물 그리고 식물의
살아 있는 온기를 모두 불어넣은 듯
절벽 끝에서 얼음 먼지가 돼버린 듯
광산맥 위에 부는 바람처럼 운다

품에 안긴 새해의 돼지처럼 비명을 지른다
숫돌에 갈리는 칼날처럼 비명을 지른다

낮에 베이는 호밀처럼 비명을 지른다
불판 위 고기가 이렇게 훌쩍인다

…회계장부 담당자 같다 적막한 집에 돌아와
잘 접은 옷을 의자에 올려놓고
침대 끝에서 공상하다, 투덜대다 길을 떠난다
작고 빠른 발걸음이 푹푹 소리 낸다

한 평야로, 발걸음은 눈을 먹으며 종종거린다
초록 달빛 속, 추운 밤에,
긁어 파고, 컹컹 울고, 짭조름한 하늘을 핥는 듯,
그는 이렇게 울부짖는다, 황무지 위 고독…

껍질이 벗겨진 옥수숫대처럼 훌쩍인다
잠든 사람에게 깔린 짚처럼 훌쩍인다
시간에 눌린 바보처럼 훌쩍인다
채찍을 문 개처럼 훌쩍인다

캄캄한 방구석에서 흐느낀다
어쩔 줄 모르고 웅크려 있는 한 아이가
가벼운 모터처럼 빨라지다
무거운 바다처럼 느려진다

1933년 1월

# 희망 없이

**느리게, 사색하며**

사람은 결국
쓸쓸하고 축축한 모래 들판에 이르러,
사색에 잠긴 채 주위를 둘러보고,
영리한 고개를 끄덕인다, 희망하지 않는다

나도 이렇게 거짓 없이
가볍게 주위를 둘러보려고 한다
포플러 나뭇잎 위에
은빛 도끼의 번쩍임이 노닌다

내 심장은 두 無의 가지에 앉아 있다
작은 몸이 소리 없이 떨고 있다
주위엔 별들이 부드럽게 모여들어
바라보고, 또 바라본다

**어두운 쇳빛 하늘에…**

어두운 쇳빛 하늘에
칠을 입힌 차가운 모터가 돌아간다

오, 소음 없는 천체여!
닫힌 입을 열지 못해 불꽃을 일으키는 말

소리 없이 우주를 통과하는 돌처럼
내 안에 과거가 쏟아진다
말 못 하는, 푸른 시간이 날아간다
나의 머리카락이 칼날처럼 번뜩인다

맛이 사라져버린 내 입 위에 콧수염
살진 송충이처럼 누워 있다,
가슴이 아프다 말이 차갑게 식는다
하지만 내가 누구에게 말할 수 있겠는가

1933년 3월

# 도시의 변두리에서

내가 살고 있는 도시의 변두리,
석양이 스러질 때면
부드러운 날개의 작은 박쥐들처럼,
검댕이 날고,
딱딱하고 두껍게,
구아노*처럼 쌓인다

이 시대는 우리 영혼 위에 이렇게 앉는다
폭우의 두꺼운 걸레들이
이 나간 함석지붕을
씻어 내듯이,
비에는 우리 가슴 위에 굳어진 돌들을
헛되이 닦아 준다

피로도 닦을 수 있다, 우리는 그렇다
새로운 민족, 다른 종의 무리
다른 방식으로 말하고, 머리도
다른 방식으로 뭉친다
신도, 이성도 아닌
석탄과 철과 기름

* 박쥐의 배설물.

우리는 실재 물질로 만들어졌다
이 끔찍한 사회의
거푸집에
펄펄 끓는 것을 거칠게 부어,
이 영원한 지상에
인류를 책임지도록

신부들, 군인들, 시민들
그다음 마침내 우리가,
이렇게 법칙의 충신이 되었다
모든 인간 작품의 의미는
비올라처럼
우리 안에서 울린다

태양계가 생겨난 이래
불멸의 우리는
파괴되지 않았다
우리가 사는 곳에
기아, 무기, 맹신, 콜레라가 창궐하는
과거가 많았음에도

너희들이 별 아래서
우리를 모욕한 만큼,
미래에 승리할 자는 아직
그렇게 모욕당하지 않았다

우리가 눈을 땅에 떨구자,
땅에 가둔 비밀이 열렸다

보아라, 값진 재산, 기계가
어떻게 사나워지는지!
부서져버릴 것만 같은 마을들이
웅덩이에 살얼음처럼 우지끈거린다
기계가 솟아오르자 도시의 회칠이 무너진다
하늘이 윙윙 울린다

누가 진정시키겠는가,
양치기의 사나운 개를? 혹시 지주가?
기계의 어린 시절은 우리의 어린 시절,
기계는 우리와 함께 자랐다
잘 길들여진 동물이다, 이제 불러봐라!
우리는 그의 이름을 알고 있다

머지않아 우리는 볼 것이다
너희들 모두 무릎 꿇는 것을
너희들은 기계에게 기도할 것이다
너희들이 주인일 테지만,
그것은 먹이를 준 사람의
말만 듣는다…

여기 우리가 있습니다
물질의 자식들이 의심하며 함께 있습니다

우리 가슴을 들어 올리십시오!
우리의 가슴은 들어 올리는 자의 것이니
우리와 함께 가득한 사람만이
이렇게 강할 수 있습니다

가슴을 드높이, 공장들 위로!
질식할 것만 같은 연기 속에 태양을 보고,
땅속 수많은 갱도에서
두근거림을 들은 사람만이,
이토록 슬프고 커다란 심장을
보고 들었습니다!

일어나라! 이 나눠진 땅 주위에 나무 울타리는
마치 폭풍에 비틀거리듯,
우리 입김에도
울고, 현기증을 일으키고, 비틀거린다
그것을 불어버려라! 가슴을 드높이
하늘 높이 연기를 일으켜라!

질서, 멋진 우리의 능력이
알려질 때까지,
그것으로 정신은 깨닫는다
유한한 무한을,
저 밖에는 생산력을
여기 안에는 본능을…

도시의 변두리에는 이 노래가 울부짖는다
그 친척, 시인은 본다, 그냥 보기만 한다
굵고, 부드러운 검댕이 내린다
그냥 내리고
구아노처럼 쌓인다
딱딱하고, 두껍게

시인, 입술에 단어가 달그락거리는,
그러나 그는
(이 세계 마술의 기술자)
계획된 미래를 보고
너희들이 밖에서 그러하듯,
자신 안에 조화를 설계한다

1933년 봄

## 애가

납빛 하늘 아래 고꾸라진 연기가
쓸쓸한 대지 위를 가득 채우며 내린다
그렇게 내 영혼은
나지막이 살랑인다
날아가버리지 않고 살랑인다

너, 강인한 영혼, 부드러운 상상!
너 자신, 네 근원의
무거운 진실의 흔적을 좇아,
여기 이 아래를 내려다보라!

평소 옅은 하늘 아래
비쩍 마른 방화벽들이 외롭게 서 있는 이곳,
가난의 무심한 고요가
위협하는 듯, 애원하는 듯,
생각에 잠긴 이들의 가슴에
응어리진 슬픔을 천천히 녹이고,
수백만 명의 그것과
뒤섞는다

전 인류의 세계가
이곳에서 준비된다, 이곳은 온통 폐허이다

황량한 공장 마당
억센 민들레가 홀씨들을 펼친다

창백한 계단처럼 나 있는,
부서진 작은 창을 통해 햇볕이
아래로, 축축한 어스름 속을 비춘다
대답해보라
너는 이곳 출신인가?
이 위대한 시대가 사람들 사이에 끼어버려
얼굴선 모두 일그러진,
다른 가난한 이들,
그들처럼 되어야 한다는
우울한 동경이 가만 내버려두지 않는 걸 보면
너는 이곳 출신이 아닌가?

너는 이곳에서 쉬고 있다
여기, 절름발이 나무 울타리가 비명을 지르며
이 탐욕스러운 윤리의 질서를
지키고, 보호하는 곳,
너 자신을 알아보겠는가? 이곳 영혼들은
아름답고 견고한, 하나의 고안된 미래를 기다린다
빙 둘러 쓸쓸하고 황량한 대지가
시끄럽게 붐비는 고층 집을 꿈꾸듯,
그렇게 공허하게 기다린다
광채 없이, 고정된 눈으로
진흙 속 마른 유리병 조각이

괴로워하는 잡초를 바라본다
둔덕에서 가끔
듬성듬성 모래가 굴러떨어진다
그리고 인간들의 폐기물과 쓰레기가
더 나은 지역에서 이곳으로 끌어들인,
파란, 초록, 혹은 검은 파리 한두 마리가
가끔 이리저리 날아다닌다,
이자로 고통받는
축복받은 어머니의 땅은
자기 방식으로 이곳에도 상을 차린다
쇠 냄비 속에 노란 풀이 싹을 틔우고 있다

너는 아는가?
어떤 자의식의 황폐한 기쁨이
끌고 당기는지, 이곳이 얼마나 놓아주지 않고
어떤 수많은 고통이
이곳으로 밀쳐내는지?
낯선 곳에서 밀쳐지고 매 맞는 아이는
이렇게 엄마에게 돌아온다
진정으로
네가 웃고, 울 수 있는 유일한 곳,
너 자신도 극복할 수 있는 곳,
아 영혼이여! 바로 나의 조국이다

1933년 봄

송가-

1
여기 반짝이며 빛나는 절벽 위에
나는 앉아 있어요
어느 즐거운 저녁 식사 온기와 같은,
어느 여름의 가벼운 바람이 붑니다
나는 가슴을 고요에 길들입니다
그리 어려운 일은 아니죠
사라진 것들이 이곳으로 모여듭니다
고개가 숙여지고
손에 힘이 빠집니다

산의 갈기를 바라봅니다
모든 나뭇잎에
당신 이마빛이 반짝이네요
거리엔 아무도, 아무도
당신 치마를 펄럭이게 하는
바람이 보입니다
부스러질 듯한 나뭇잎들 아래,
앞으로 흘러내리는 당신 머리카락,
살짝 흔들리는 부드러운 당신 가슴이 보입니다
신버 샛강이 흐를 때,
또다시 보이네요

둥글고 하얀 돌들,
당신 치아 위에 솟아나는 요정의 웃음소리


2
아, 당신을 얼마나 사랑하는지,
심장 가장 후미진 구멍에서
일을 꾸미고 있는 음침한 고독을,
그리고 우주를
똑같이 털어놓게 만든 당신,
자신의 소음에서 떨어져 나가는 폭포처럼,
그대는 나와 헤어져 조용히 저 멀리 달아나버리는군요
나는 아직 내 삶의 정점들 사이에서,
멀어진 지 오래되지 않아,
땅과 하늘에 부딪치며 울리고 비명을 질러댑니다
모진 사랑, 당신을 얼마나 사랑하는지!


3
사랑합니다, 아이가 엄마를 사랑하듯,
과묵한 구덩이가 자신의 깊이를 사랑하듯,
사랑합니다, 홀이 빛을,
영혼이 불꽃을, 육체가 휴식을 사랑하듯!
사랑합니다, 죽을 운명의 인간이
죽기 전까지 삶을 사랑하듯이
떨어진 물건을 땅이 간직하듯이,

당신의 모든 미소, 움직임, 말을 나는 간직합니다
철에 산이 녹아들 듯, 내 정신 속에,
내 본능은 당신을 새겼습니다
당신, 사랑스럽고 아름다운 사람,
당신의 존재는 그곳에서 모든 본질을 채웁니다

순간들은 덜컹거리며 물러가지단,
당신은 조용히 내 귓속에 앉아 있습니다
별들은 타오르다 떨어지지만,
당신은 내 눈 속에 멈춰 서 있습니다
동굴의 고요 같은 당신의 맛은
식은 채 내 입 속에서 일렁입니다
물 간에 당신 손,
거기 미세한 혈관이
희미하게 자꾸 떠오릅니다


4
오, 당신의 눈빛으로 재단되고 만들어지는
나는 도대체 어떤 물질일까요?
무無의 안개를 통해
비옥한 당신 육체의 굴곡진 지역을 드나들 수 있는
나는 도대체 어떤 종류의 영혼이며, 어떤 빛,
그리고 경탄할 만한 현상일까요?

열린 정신 속으로 하강하는 복음과 같이,

그 비밀들 속으로 나는 하강할 수 있습니다!…

당신의 순환하는 피는 장미 덤불처럼
쉼 없이 떨립니다
당신 볼에 사랑이 피어오르도록,
당신 자궁에 축복된 과실이 맺히도록,
영원한 혈류를 실어 나릅니다
위의 여린 토양에
수많은 잔뿌리들이
미세한 실처럼 매듭을 짓고 풀며
자수를 놓습니다
달콤한 당신 물의 세포가 더 많은 무리를 모으도록,
잎이 우거진 당신 폐의 아름다운 덤불들이
자신의 영광을 속삭이도록!

당신 내장 터널 속에서
영원한 물질은 행복하게 흐릅니다
정열적인 신장의 뜨거운 우물 속에서
배설물은 풍성한 생을 얻습니다!

당신 안에서 물결치는 언덕이 솟아오르고,
별자리들이 흔들립니다
호수들이 움직이고, 공장들이 돌아갑니다
분주한 수백만의 살아 있는 동물,
벌레,
해초,

폭력과 평화,
해가 비치고, 오로라가 희미하게 빛납니다
당신의 내용물 속에서
그곳에서 무의식적인 불멸이 배회합니다


5
이 달들은
응고된 피의 조각처럼
당신 앞에 떨어져 내립니다
존재는 말을 더듬고,
확실한 이야기는 법칙뿐
날마다 새로 태어나는,
꾸준한 나의 조직들은
벌써 침묵할 준비를 하고 있지만,

하지만 그대까지는 모두 외칩니다
일억 명의 군중이
선출하여 요청하는
유일한 당신, 당신은 부드러운
요람, 강한 울음, 생의 침대입니다
나를 받아주소서!…

(이 새벽하늘은 얼마나 높은지요!
무리 지어 빛나는 광석들
거대한 빛이 눈을 찌릅니다

나는 길을 잃어버린 것 같습니다
내 위에 날갯짓 소리처럼,
내 심장의 두근대는 소리를 듣습니다)


6 (추가 곡)
(나는 기차를 타고 당신을 쫓아갑니다
아마 오늘 당신을 찾을 수도 있겠지요
아마 이 불타는 얼굴은 식어 있겠지요
아마 당신은 조용히 입을 열겠지요,

미지근한 물이 흘러요, 목욕을 하세요!
여기 타월이 있어요, 물기를 닦으세요!
고기가 익고 있으니, 허기를 달래세요!
내 잠자리가 바로 당신 침대입니다)

1933년 6월

## 자신을 가책하는◆

자신을 가책하는 마른 사람아!
제가 당신을 모욕했어요

당신은 지팡이를 조각했지요, 문양을 가득 넣어
손잡이가 아주 멋졌죠
그러곤 싫증을 냈죠, 그랬나요?
하늘이 싫증 난 별을 집어던지듯,
당신은 그렇게 던져버렸어요
그걸 제가 주워 당신을 때렸지요

그랬나요?
죄송해요, 유감입니다

당신의 새로운 꿈, 당신 새의 노래를
저는 창 너머 듣듯, 저의 세계를 통해 들었어요
고독이라는, 두꺼운 유리판을
뚫고 들리는 그만큼이
노래의 전부라고 믿었어요

그리고 들었지요
신에 대해 말하는 것도,
그 이후 신들은 당신에게 경의를 표하지 않았어요

하지만 더 이상 그들을 위해 일하지 않는 것은
바로 당신이지요

이젠 당신을 이해해요
소송 상대로
우리는 대립하고 있었지만,
당신은 나와는 다른 일,
다른 토대 위에서 증언하고 있었죠

이제 이해해요, 이게 무슨 소용이 있나요?
과거의 시위행진은 물러갔어요
낙엽은 떨어졌고,
다른 사람들처럼 당신 안에서도
고통의 가지들은 화석이 되어갑니다
무너져 내리는 세월, 계절,
지층들, 층과 지질
엄청난 압력 아래

쪼개놓은 한 무더기의 장작처럼,
세상은 서로를 베고 누워 있어요
하나가 다른 하나를
밀고 누르고 맞물고,
이렇게 모든 것은 결정되어 있죠
부자도, 가난한 사람도 이렇게 살고,
당신도, 그리고 저도 이렇게 괴로워해요
그나마 다행인 것은

사람의 분노가 자신이 아닌,
다른 누군가를 물어뜯는다는 거죠
피리 부는 사람이 플루트 부는 사람을,
제가 당신을, 그리고 당신이 저를,
만약, 이성의 끔찍한 발톱이
항상 우리 자신을 찌른다면?
어떻게 될까요? 무슨 일이 일어날까요?

얘기가 나왔으니, 제가 말하죠
어느 날 저녁 세너 광장
전차에서 우리는 만났죠
제가 모자를 들어 올렸어요
아마 침을 삼켰을 거예요
인사를 하자,
당신은 깜짝 놀라며 절 알아봤죠
그리고 그때,
잠시 동안 전 멍하니 생각에 잠겼어요
좋은 친구가 될 수도 있을 텐데,
함께 커피숍에 가고,
차를 저으며
아름다움, 선함, 진실을 희망하며,
이야기를 나눌 수도 있을 텐데,
문학에 대하여,
아니면, 이런저런 중요한 인간사에 대하여
경험을 말하며,
조심스럽게 심사숙고했을

당신의 풍부한 이야기,
제가 감정을 주체하지 못할 때면,
당신은 '신경 쓰지 말라'고 덧붙이겠죠
당신은 우리 아버지보다
더 나이 든 사람처럼 저를 진정시킬 거예요
저는 속상해하겠지만, 말을 하진 않겠죠

1933년경

## 위로

자신을 포기하지 말아, 친구여,
하늘에 구름을 판 돈으로
이 세상 땅을 사들이는
그런 상인에게 자신을 맡기지는 말아
반송장 환자에게
차라리 개털이 약으로 쓰이지
우리 인생에 낯선 이가
왜 우리를 위해 헌신하겠나

모두 다 자신을 위해 씹는 법이지,
하물며 작은 치아도, 그래서 잉태되는 것
아무리 자네가 배고픈 비렁뱅이라 해도,
개에게 이빨을 구걸할 수 있겠나?
자네는 추위에 떨고 있는데, 말해봐,
벽마다 눈 덮인 풍경, 벌거벗은 여인들과
사과나무 그릇들이 걸려 있는,
방 다섯 개를 따뜻이 때고 사는,
그런 사람을 믿을 수 있겠나?

믿을 수 있겠나? 달콤한 그의 시가가
향기 나는 작은 통나무만 한 걸, 우리가 투덜대는 동안
그는 미지근한 물속에 들어앉아,

우리가 얼마나 가난한지 탄식하며 우울해하는 걸,
우리가 그의 지하실에 석탄이라도 나를 때면
발칸 담배 한 갑을 우리에게 뜯어주기도 하지!
그는 우리의 짐과 근심을 가슴에 담지만
어깨에 질 정도로 바보는 아니네…

불쌍한 사람아, 괴로워하지 말아!
얼어붙은 겨울을 함께 헤쳐나가자고
얼음 속에서 진창이 솟구쳐도
충실한 동료, 굶주린 이들이 함께할 거야
만약 그들이 지금 우리 발의 티눈을 밟고
구두 속에 발을 퉁퉁 붓게 만든다면,
자네 탓도 있는 것, 봐, 삶은 전쟁이야,
자네의 믿음을 낭비하지 말아!

1933년 10월 19일

# 결산

검고, 구역질 나는
오물과 매운 똥오줌을 나는 먹고 마셨다
사람이 이보다 더 무모할 수는 없으리
하지만 지금까지 행복한 적은 없었다

이 구원된 세상에
나에겐 한 번의 고귀한 순간이 없었다
돼지들의 진창과 같이
미지근하고 달콤하지도, 평안하지도 않았다

도덕은 내게 위선을 가르쳤다
(네게도 그러했으리라)
나는 스물여덟 해를 굶주렸다
이제 날 위협할 수 있는 건 오직 무기뿐,

그래서 그토록 어두운 일들이,
그러한 힘들이 내 가슴에 앉아 있다
내가 미소를 지어 보이며 바라보아도
부드러운 얼굴의 내 사랑은 걱정을 한다

다리 밑 노숙자처럼
침울한 하늘 아래 나는 줄곧 앉아 있다

나는 내 모든 것을 면제하노라,
마지막 심판은 없을 것이므로

1933년 11월 11일

# 자각

1
대지에서 하늘을 풀어놓는 새벽,
분명하고 부드러운 그의 말에
벌레들, 아이들이
햇빛으로 굴러 나온다
안개 걷힌 대기에
반짝이며 맴도는 경쾌함!
밤새워, 작은 나비들처럼,
나무에 날아와 앉은 나뭇잎들


2
파랑, 빨강, 노랑으로 모두 칠해진
그림들을 꿈에서 보았다
티끌 하나 어긋남 없는
이것이 질서이리라 나는 느꼈다
지금은 꿈이 어둠처럼 내 온몸에 내리고
철의 세계가 질서이다
내 안에는 낮에 달이 뜨고,
밖에 밤이 오면, 해가 비친다

3
나는 여위었고, 가끔 빵만 먹는다
이 태만하고, 쓸모없는 떠드는 영혼들 사이에서
정육면체보다 확실한 것을
대가도 없이 찾고 있다
구운 돼지고기가 내 입으로, 어린아이가 내 가슴에
애교를 떨며 다가올 일은 없다
고양이가 재주를 부려볼 수는 있겠지
안에서나 밖에서나 쥐를 잡을 수는 없다


4
쪼개놓은 한 무더기의 장작처럼,
세상은 서로를 베고 누워 있다
하나가 다른 하나를
밀고 누르고 맞물고,
이렇게 모든 것은 결정되어 있다
없는 것에서 덤불이 나고,
생겨날 것이 바로 꽃이며,
있는 것은 산산이 조각나 사라져버린다


5
화물역에서
한 조각 고요처럼,
나는 나무 밑동에 엎드렸다

잿빛 잡초가 입에 닿았다, 거칠고 특이했던 달달함
경비는 무엇을 느낄까
숨죽인 화물 차량 위, 반짝이는, 이슬 맺힌 석탄 위로
집요하게 뛰어오른 그의 그림자를
나는 죽은 듯 지켜보았다


6

여기 이 안에 괴로움,
그리고 저 밖에는 그 이유가 있다
네 상처는 세슘, 화끈거리고 타오른다
너는 네 영혼과 체온을 느낀다
반항심이 이는 동안, 너는 노예가 된다
집주인이 머무르는
그런 편한 집을 네 마음에 짓지 않아야만,
너는 자유로울 수 있다


7

저녁 밑에서
나는 하늘의 톱니바퀴를 올려다보았다
과거라는 베틀이
반짝이는 우연의 실들로 법칙을 짜고 있었다
아지랑이처럼 피어오르는 내 꿈 아래서
다시 하늘을 올려다보았을 때,
나는 법칙의 천이 어딘가에서는

항상 풀리고 있는 것을 보았다


8
고요가 귀를 기울였다, 종이 한 번 울렸다
너의 어린 시절로 돌아가보면 어떨까
습한 시멘트벽 사이에서
작은 자유 하나를 상상할 수 있겠지
나는 생각했다, 그리고 내가 일어서는 순간,
별들, 곰자리들이
조용한 독방 위에 철창처럼
하늘에서 반짝거린다


9
쇠가 우는 소리를 들었다
비가 웃는 소리를 들었다
과거가 갈라지는 것을,
상상한 것만 잊을 수 있다는 것을,
나의 짐들에 눌려 굽은 허리로
사랑할 수밖에 없다는 것을 나는 보았다
황금으로 된 자긍심이여,
너를 무기로 만들어야 하다니!

10

성숙한 사람이란
가슴에 엄마도 아빠도 없고,
삶이란 죽음의 덤으로 주어진다는 것을,
언제든 돌려줘야 할 주운 물건이라는 것을,
그래서 간직한다는 것을
아는 사람이다
자신에게도 그 누구에게도
하느님도, 신부도 아닌 사람이다


11

나는 행복을 보았다
부드럽고, 금빛에 백오십 킬로그램,
드문드문 나 있는 안뜰 잔디 위로
곱슬거리는 미소가 둥실거렸다
푹신하고 미지근한 웅덩이에 드러누워
눈을 깜빡이며 내게 꿀꿀대기까지 했지,
솜털 사이사이 머뭇거리며 어루만지던 빛을
나는 오늘도 본다


12

나는 철길 옆에 산다
많은 기차가 오고 가는 것을,
보풀 같은 어둠 속에 날아가는 환한 창문들을

나는 한참씩 쳐다본다
영원한 밤에 빛을 밝힌 낮들은
이렇게 빨리 달려간다
그리고 모든 객실 빛 속에 서서
나는 팔을 괴고 귀를 기울인다

1933-1934년

# 마을

게으르고 미지근한 저녁,
한 접시의 감자 파프리카 조림처럼,
한 무더기의 붉은 슬레이트 지붕 마을에
천천히 김이 오른다

여기서도, 저기서도 길게 오르는 연기, 희망
굴뚝 입구에 잠깐 멈춰 서서
어디로 가야 하나 곰곰이 생각하다
주위 풍경에 손짓을 한다

어둠이 어린 아카시아를 어루만진다
작은 한숨이 날아오르자
바람 나비
나무의 봉긋 솟은 가슴이 떨린다

그리고 부드러운 어둠의 덤불이
말없이 내 주위를 덮는 동안,
컹컹 짖는 소리들이
거대한 벨벳 속으로 말없이 떨어진다…

…여인들이 등불을 켠다
불꽃은 억눌린 영혼처럼,

애를 쓰며 공중으로
날아오를 듯하다

확 타오른다… 하나로 밝혀진 초원,
어머니 같은 달님 앞으로
두툼한 손바닥을 내미는
보드저* 가지 하나

영원한 행복의 샘이
금 가고 이가 떨어진 벽돌을 씻고 있다
이슬 맺힌 잔디에 개구리들
에메랄드 부처님 조각상들

메귀리가 칼을 앞으로 빼고
깊숙이 머리를 숙인다
지금 영광과 권력은
허름한 헛간…

…그 안에 고요가 있다
무언가 쨍하고 울린 듯
듣는 것이 아닌, 생각할 수 있는 소리
헛간의 고요밖에는 없다

의미가 밝혀지듯,

* 딱총나무속. 흰 꽃이 접시처럼 넓게 모여 핀다.

이해하게 되는 것
희미하게 드러나는 그것은 다른 말이 아닌,
쟁기와 곡괭이

말, 농부들은 이것으로
해와 비와 땅에게 말을 하니까
말, 미래에게 내가 하는
그런 말과 같은

말, 갓난아이에게 미소,
말에게 쓰다듬음 같은,
말. 말의 명확한 의미이자
신중한 부분…

…꿈꾸는 마을에 나는 귀 기울인다
걱정 가득한 꿈들이 내린다
잠든 그림자의 풀잎을
깜짝깜짝 놀라게 한다

하늘, 들판이 잠을 잔다
채찍, 장화, 칼
나무와 나무 사이 분명하고 너른 간격이,
그리고 나뭇잎들 사이 틈새가

거칠고 입이 무거운
메마른 농부들이 잠을 잔다

그들 가슴 위에 슬픔과 같이,
나는 언덕 위에 앉아 밤을 새운다

1934년 여름

# 즉흥시
―사흐주의 상황에 대하여

이그노투스*에게

1
나무들 사이,
꽃 사이 한 벤치에 나는 앉아 있어요
나는 버려진 거룻배처럼 삐걱대며 종알거리죠
풍족한 부드러운 대기가 내게 물을 뿌려줍니다
나는 자유의 거대한 고요에 귀를 기울입니다
뭔가 이상하게도
눈을 뜬 채 느껴요,
육체의 내가
외부 세계에 이어집니다
풀도, 나무 사이도 아닌
전체 속에

* 이그노투스 후그. 시인, 기자, 헝가리의 저명한 문예지 『뉴거트』 창간 멤버로 이십 년간 편집장이었다.

2
행복한 눈을 들어 올리자
하늘은 모두 더 높이 흩어져요
그리고 이리저리 나는 황새처럼 당신 말들이
한꺼번에 여기 내 앞을 획 지나가네요
머리 센 늙은이여,
경치를 바라보듯, 나는 당신에게 미소를 짓습니다


3
나는 당신 걱정을 느끼기보다 이해할 뿐이에요
당신이 현실을 직시하도록 내가 침묵을 깨죠
당신은 늙었어요
나라면 사라짐을 한탄할 텐데,
당신은 그러지 않고
일, 해방, 인간의 창조 그 자체,
눈에 보이지 않는 걸 한탄하네요
천하고 눈에 보이는 권력들이 마구 짓밟기 때문이겠지요


4
광산을 지탱하는 기둥들이
무너져도,
그래도 갱도는 보물을
간직하고 펄럭일 거예요
그리고 광부들은

그들의 가슴이 뛰는 한,
항상 또다시 갱도를 열겠지요


5
일하는 육체와 창조하는 정신,
어떻게 서로 싸울 수 있을지 말해보세요
정신은 이해할 때, 만족하지만
심장 없이는 조정할 수 없어요
처음부터 이성이 작용하지 않는다면
감정은 사라질 발작에 불과하지요
겹겹이 쌓인 당신의 세월이 아프겠죠
그래서 애정 어린 실수가 있는 것이고요
바람이 나뭇잎들을 꿰어 어떻게 그물을 만드는지
지금 나와 함께 지켜본다면 더 좋을 텐데 말이죠


6
벌써 날씬하고도 풍만한 몸매에
공기는 가운을 걸치고 있네요
석양은 구름 위의 빗…
어머니와 아들처럼 우리는 함께 앉아 있어요…

어둠이 풀에 잔디처럼 싹을 틔워요
어스름의 목화잎들이 흔들려요

그리고 우리는 기다려요
우리 안에 볼 수 있는,
떨리는 첫 별이 언제 뜰지를

1934년 8월 초

# 엄마

벌써 일주일째 계속 엄마 생각뿐이다
잠깐 또 잠깐 멈춰 서서
삐걱거리는 바구니를 안고
옥상으로 서둘러 가셨지

난 아직 솔직한 인간이어서
소리 지르고 발버둥 쳤지
젖은 빨래는 남한테 맡기고
날 옥상으로 데려가 달라고

그저 달없이 올라가 빨래를 너셨지
욕도 않고, 날 쳐다보지도 않고
빛나며 펄럭거리는 옷들은
바람에 높이 올라 빙빙 돌았지

울지 않을 텐데, 하지만 이제 늦어버렸지,
얼마나 거대한 사람이었는지 이제야 보는걸
하늘에 둥둥 떠 있는 회색 머리
하늘 물에 푸른 가루를 푸시네

1934년 10월

# 몸서리

부엌 방이 어둡다
벽감 뒤 거적때기 속싸개 안에
선잠에 든 아기가
입을 삐죽 내밀고 가끔 끙끙거린다

차가운 돌바닥 고인 물이 가을바람에 떨리듯,
덜덜 떨며 움찔거린다
깊은 생각에 잠긴 소녀가
구석에 뻐딱하게 앉아 있다

욕망과 증오의 축복,
이 벽감에서 단둘이 있다
털북숭이 개, 침대 위
낡은 라코치*의 그림자

어린 소녀는 일곱 살, 도망치고 싶다
이 안에서는 뛸 수조차 없다
엄마는 소녀에게

* 라코치 페렌츠 2세. 헝가리 귀족으로 오스트리아 합스부르크가에 저항하는 무장 반란을 일으켰다. 국가적인 영웅으로 칭송받으며 헝가리 전역에 동상이 세워져 있다.

아기를, 이 애새끼를 맡겨놓았다

달리고 싶다! …아, 얼마나 생각했는지,
생각 끝에 잠이 들 뻔한다
이 도시를 바닥에 내동댕이쳐버릴 정도의
힘도 느낀다

…하지만 부은 눈을 뜨자마자
작은 사내 아기가 울음을 터트린다
소녀는 아기를 훑어보고는
조용히 우유를 데운다

얼굴이 파랗게 질린 아기를
아무 말 없이 응시한다
빛바랜 머리에 죽은 나비,
날개 같은 끈이 달려 있다

곧 울부짖는 입안으로
젖병 젖꼭지를 밀어 넣는다
아기는 숨이 닥혀 기침을 하다가
막대기가 쪼개지듯 악을 쓴다

작은 몸집에 타다 같은 격랑이 인다
수도처럼 새는 젖꼭지,
소녀가 젖병을 빼내자
아기는 꼴깍대고 울며 잠으려 한다

쩍쩍 입을 벌리며 버티는 아기 입에
소녀는 다시 젖병을 물린다
쭉쭉 빨며 진정을 찾아가던 아기 입술에서
소녀는 다시 젖병을 빼버린다

좋아해야 할지, 끝없이 울어야 할지
아기는 어쩔 줄 모르고
분해서 몸을 떤다
작은 위에서 우유가 역류해 입술에 앉는다

이제 막 태어난 듯,
머리에 핏줄이 너무나 붉다
꿈틀대며 기어가는 구더기 같다
엄지발가락이 뻣뻣하다

악을 쓰며 헐떡거린다, 빨고 싶지만 두렵다
어둠 속에서 잇몸으로 문다
신을 낳았을 때나
부모가 느꼈을 공포이다

몸서리치며 땀에 젖은 아기,
준 것을 왜 빼앗지?
소녀는 살인자처럼 냉정하다
뜰에는 맹인이 노래한다

말도, 웃음기도 없이
이렇게 삼십 분을 연기한다
이웃집 여자가 문을 두드리자,
움찔하지만 문틈으로

부드럽게 대답한다
"불쌍한 아기, 이가 나려나봐요!"
그러고는 벽감 안에 앉아
야윈 열 손가락으로 장난을 친다

저녁이 되어서야 (벌써 몇 주 전부터
이렇다) 엄마가 아들을 품에 안는다
엄마를 꼭 붙잡은 아기가
달콤한 우유를 먹지 않는다

젖병을 보고는 울음을 터트린다
그저 엄마 품의 온기만을 바랄 뿐이다
마치 쓰러진 노인처럼
벌벌 떨며 눈을 감는다

무슨 일이 벌어졌는지 모르는 엄마,
(머릿수건을 그제야 푼다)
어린 소녀가 지잘댄다
"시간에 맞춰 먹였어요"

"엄마, 제가 요리할게요!"

바로 생기가 나서는 칭얼댄다
엄마는 피곤해서 쓰러질 듯,
자면 더 좋으련만, 생각한다…

밤에 별들은 빛나지 않는다
계절들, 그리고 하늘이 운다
꿈속에 울던 엄마는 일어난다
아기가 운다고 생각했기 때문이다

말 없는 흐느낌이 아기에게 어려 있다
엄마는 침대에서 일어나,
아기가 웃는 것 같아 보이자
안심하며 잠이 든다…

아침에 일하러 바삐 나설 때,
약간의 간식을 준비해두고
출발한다, 소녀도 일어나서
옷을 입으며, 여러 번 다짐한다

그러나 이 안에 거대한 외로움이 누르고,
고통이 밀친다, 밖에서 놀고 싶어라
아기가 다시 울어젖히고,
모든 것이 처음부터 또다시 시작된다

1934년 11월

# 땅거기

이 선명하고 깨끗한 땅거미는 내게 어울리는 것
멀리 앙상한 나뭇가지 얼개들이
섬세하게 허공을 받치고 있다
사물은 하나씩 모두 다른 것과 분리되어
자신 속으로 깊이 침잠하다가 아마도 사라져버릴 것이다
누가 알겠는가? 내 본능은 답을 하겠지만.
마치 주인에게 혼쭐난 개처럼
차가운 마당이 시큰둥 어두워진다
낯선 이가 오면, 말없이 울부짖기만 한다
지금 내 본능이 그렇다, 그것 없이 내가 뭘 알 수 있단 말인가?
 여기 확실한 것은 단 하나, 잘못되었다는 것
 그나마 다행인 것은, 내가 붙들 수 있는
 음보와 율격이 있다는 것, 아이가 걸음마를 이렇게 배운다
 하지만 나는 아이일 수도 없는데,
 너무 투덜대고, 고집 세고 음흉하다
 어쩌면 모든 사람은 딱 이렇게
 교활하고 고집이 센 걸까, 그렇다 해도, 내가 어떻게 알겠는가?
 한 명은 나에게 윙크하며 멋진 젊은이라고 말하고,
 또 다른 사람은, 역겨운 새끼, 또 일을 안 하네
 그래도 배고픈 건 겁나나 보지!라고 한다 (그럼 겁내지 말

까요?)

   어떤 이는 내 손에 돈을 쥐여주고, 편하게 써요,

   이해해요, 나도 많이 힘들었답니다라고 말하고,

   또 다른 이는 내 쓰레기까지 훔쳐 간다

   이 사람은 이리 끌고, 저 사람은 저리 당기고, 모두 만져대고, 꽥꽥, 밀치지만

   누구 하나 알아차리는 사람이 없다

   믿고 있는, 태고의 침묵, 혹은 깨끗한 우주를 낳으리라

   미친 엄마가 품고 다니는 태아처럼, 내가 짊어진 곱사등을

1934년

## 자장가

하늘은 파란 눈을 감고,
집은 수많은 눈을 감고,
이불 아래 평월은 잠이 든다
잘 자라, 아기 벌라즈야

다리에 머리를 깊이 묻고,
벌레도, 말벌도 잠이 든다,
윙윙 소리도 도두 잠이 든다
잘 자라, 아기 벌라즈야

전차도 잠이 든다,
졸린 듯 털컥털컥
잠결에 삑 경적을 울리네,
잘 자라, 아기 벌라즈야

의자에 외투구- 잠이 든다,
터진 옷감이 구벅꾸벅,
오늘은 더 안 찢어지네
잘 자라, 아기 벌라즈야

공도 깜빡, 피리도 깜빡
푸른 숲도, 즐거운 소풍도

맛있는 사탕도 잠이 든다
잘 자라, 아기 벌라즈야

저 멀리 있는 것들을
유리구슬처럼 쥐게 될 거야, 거인이 될 거야,
이제 그만 작은 눈을 꾹 감으렴,
잘 자라, 아기 벌라즈야

소방관이 될까, 아니면 군인!
늑대를 쫓아내는 양치기!
보렴, 엄마도 잠이 드네,
잘 자라, 아기 벌라즈야

1935년 2월 2일

# 모던 소네트

사람은 산다, 비록 헛간은 비어 있고,
상자마다 먹을 게 하나 없어도,
죽음의 공포가 삶을 유지시킨다
(이 힘든 순간, 나는 나 자신을 깨닫는다)

내 고통을 헤아려주는 신,
먹을 게 없는 나를 구경만 하는 사람들 눈을
손가락으로 찔러버릴 신이 없다는 것이
이제 나는 유감스럽다 (그러나 이것도 나는 삼킨다)

가난을 자랑스러워하던 나!
오늘에야 깨닫는다,
살을 찢는 채찍에 고집 피우는 당나귀,

첫날 브초에 나서는 신병,
선생님 칭찬에 집에서 버찌절임이나 맛보는 아이의
자부심이었을 뿐이라는 것을

1935년 5월

## 사람들

우리 집에서는 새로 온 사람이 좋은 사람
이해관계가 주인처럼 관리한다
예전부터 어리석게도 부자들은 알고 있었고,
가난한 이들도 많이들 눈치채기 시작했다

엉켜 있는 모든 것은 결국 풀리는 법,
그냥 자신도 모르는 사이 악한에게 망을 서주고
오만하게도 우리는 자신이 옳다고 믿는다
나의 노래가 가사를 바꾸는 것은 아니다

우리는 기분이 떫고, 입이 비었을 때면
모두들 목청껏 노래를 부르고
와인과 가루로 스스로를 단련한다

영리하게 실망하는 사람이 선한 존재이다
살랑대는 버드나무에 모여 있는 모기들처럼
작고 신랄한 이유들로 우리는 가득 차 있다

1935년 5월

# 나는 몰랐어요

죄에 대한 가르침을 난 항상
그냥 이야기 듣듯 했어요
듣고 나서는 비웃기도 했죠, 얼마나 바보 같은 이야기인가!
행동하지 못하는 겁쟁이들이 죄에 대해서 떠들지!

난 내 심장이 그토록
끔찍함의 동굴인지 몰랐어요
엄마가 졸린 아이를 어르듯
고동치며 꿈들을 준다고 믿었어요

이젠 알아요
이 느닷없는 진실의 환한 빛 속에
내 심장 속 원조가 관처럼 검어지고 있다는 것을

내가 말하지 않아도, 내 입이 신음 소리를 내겠죠
오롯이 나 혼자 죄인이 되지 않기 위해서라도
당신들 모두 이런 죄인이기를!

1935년 8월 7일

# 소네트

아, 신이 있는 사람은 행복한 사람이어라
두렵지만 그 자체는 선한 존재,
금지된 장미를 꺾으면
떨리는 손에 상처를 입는 사람

아, 신이 있는 사람은 행복한 사람이어라
그의 죄는 다만 볼 수 있는 사실
영생을 얻은 주민을 바라보는,
만물의 눈이 지켜보나니

가슴속에서도, 하늘에서도 나는 그를 찾지 못했네,
그리고 이 죽은 빛 무신론, 관 속에서
엄마가 나를 어른다

창백한 손으로 도둑질했던 나, 그 아이,
다 잃었다는 걸 이미 잘 알던,
엄마는 부드러운 눈빛으로 나를 때리셨지

1935년 8월 9일

## 아이와 같이

복수를 맹세하고
아버지의 집에 불을 지른,
안개처럼, 이제 낯섦에 휩싸여
반항했던 사람의 가슴에 기대어 실컷 울고 싶어 하는,

용서하는 미소에
가렸던 얼굴을 보이고 싶어 하는 아이와 같이,
나는 필사적으로 눈물을,
선함을 찾으려 하고 있어요

마음속에서 세상을 잿더미로 만든 나,
울음을 터트리게 하는 좋은 말이 없네요
나는 쪼그려 앉아 그저 기적을 기다립니다

나를 용서할 누군가가 빨리 오기를
그리고 제발 말해주기를,
늑대 덫에 갇힌 내게 무엇을 용서하는지!

1935년 8월

# 죄

나는 흉악한 죄인입니다
그렇게 생각하지만 기분은 좋습니다
단 하나 걸리는 것은
죄가 있는데, 왜 나는 죄가 없느냐는 겁니다

내가 죄인이란 것은 다툼의 여지가 없어요
하지만 아무리 생각해보아도,
내 죄는 좀 다른 것입니다
어쩌면 단순한 것인지도 모르죠

사라진 금을 찾는 구두쇠처럼,
나는 죄를 찾고 있습니다
그래서 엄마를 버렸어요
마음이 모진 것도 아닌데 말입니다

언젠가 훌륭한 위인들 속에서
분명 찾아내겠죠
나는 고백할 준비를 하고
카페에 지인들을 불러 모읍니다

고백할게요, 사람을 죽였어요
누구인지는 모르겠어요, 아마도 아버지

피가 흐르던, 응고되던 어느 밤,
그 모습을 지켜보았어요

칼로 찔렀습니다, 미화하지 않을게요
물론 우리도 사람이니,
칼에 찔린 사람처럼,
머지않아 우리도 갑자기 쓰러질 테죠

고백하고 나는 기다립니다(기다려야 합니다)
일이 있다며 달려 나가는 사람,
깊은 생각에 잠기는 사람, 좋아하며 덜덜 떠는 사람,
나는 쳐다봅니다

그리고 난 누군가를 알아봅니다
그는 다뜻한 눈짓으로 그냥 이렇게 말할 뿐이죠
여기 사람들도 마찬가지야
너만 다르지 않아…

물론, 내 죄는 유치하고
너무 단순한 것일 수도 있어요
그럼 세상은 사스한 것이 될 테고,
나는 그냥 놀게 내버려두면 되겠죠

신을 믿지 않지만 있다면,
난 신경 쓰지 마세요
스스로를 면죄할 테니까,

살아 있는 사람들이 나를 돕겠죠

1935년 8월

# 인류

오 인류여, 고생한 나의 어머니는
고통을 번식시키고 이해하지 못했지!
이십억 짝지은 고독들이여,
또다시 널 위해 태어나도 나는 두렵지 않다!

얼음에 화상 입은 아이와 같이, 강 얼음 위에서
우는 널 나는 보았다
죽이는, 죽는 그리고 커다란 교회 벽에서 빛나는 자처럼
죽은 걸 나는 보았다

산에서, 그리고 우리에 숨은 널 나는 보았다
존재하는 듯 살아가는 불쌍한 인간이여,
네 아버지가 죽음이라는 것은 마땅한 일이다!

네 피가 뿌려지길 핏기 없이 기다리는 너,
모든 고통과 마주하게 하는
무리 짓는 어리석음이 너를 자꾸 가리킨다

1935년 8월

# 공기를!

집으로 가는 길, 슬프게 하는 것이 무엇인지,
말하려는 날 누가 말리겠는가?
잔디에는 벨벳 가랑비 같은
미지근한 어둠이 마침 내리고 있었고,
잠 못 이루고 뒤척이는, 매 맞은 아이처럼,
발아래 마른 나뭇잎들이
툴툴거리고 있었다

도시 변두리에 수풀은 주위를 엿보며
둥글게 웅크려 앉아 있었다
가을바람이 사이를 지나다 조심스럽게 비틀거렸다
서늘한 부식토는
의심스러운 듯 가로등 쪽을 살폈다
내가 가던 쪽 호수에서는
야생 오리가 놀라 꽥꽥거렸다

 문득 강도를 만나면 어쩌나 하는 생각이 들었다, 누가 알겠는가
 이 지역은 너무 외졌다
 여기서 정말 느닷없이 한 남자가 나타났다
 그러나 그는 나를 그냥 지나쳐 갔다
 그의 뒤를 쳐다보았다, 나를 털 수도 있었을 텐데,

나는 방어하고 싶은 맘이 조금도 없었다
가난하니까,

내가 관찰당했을 수도 있다, 내가 전화한 내용,
언제, 왜, 누구에게 했는지
내가 어떤 꿈을 꾸는지, 그리고 누가 나를 이해하는지도
서류철에 써넣을 것이다
나는 예상할 수 없다, 언제쯤 내 권리에 생채기를 낼
색인카드함을 뒤질 만한 충분한 이유가 될지

이 나라의 그 힘없는 마을들은
(내 어머니는 그곳 태생이다)
이곳에 이 나뭇잎들처럼
살아 있는 권리의 나무에서 떨어져버렸다
그리고 어른들의 불행이 그것을 밟으면,
빈곤을 알리려는 듯, 나뭇잎들은 모두 울어대고,
가루가 되어 사방으로 굴러간다

아, 나는 질서가 이러리라 생각하지 못했다
내 영혼의 고향은 이런 곳이 아니다
나는 생각하지 못했다
음흉할수록 더 쉽게 연명하는 존재를,
투표할 때, 공포에 떨고, 눈을 내리깔고
잘못된 대답을 하고, 장례를 치를 때, 즐거워하는
그런 긴족은 더더욱

나는 질서가 이러리라 생각하지 않았다
하지만 나를,
그 작은 아이를 왜 그리 때렸는지
나는 대부분 알 수 없었다
좋은 말 한마디에 당장 안겼을 텐데
난 알고 있었다 '엄마와 친척들은 멀리 있어,
날 때린 이들은 이방인이야'

나는 벌써 다 커버렸다
내 심장에 죽음이 자라듯,
내 이빨에 낯선 물질이 늘어간다, 하지만 내겐 권리가 있다
나는 아직 영혼이나 진흙이 아니다
그리고 내가 자유롭지 않다면!
다 큰 머리로 그것을 말없이 견딜 수 있을 만큼
그렇게 내 생명이 소중한 것도 아니다

나를 이끄는 자는 내 안에서 지시한다!
야생 동물들이 아니라 사람들이다
우리는 정신이다! 열망을 키우는 한, 우리의 심장은
색인카드의 자료가 아니다
오라, 자유여! 나에게 질서를 낳아라,
좋은 말로 타이르고, 놀 수 있도록 허락해라
멋지고 신중한 당신의 아들을!

1935년 11월 21일

## 뒤늦은 만가挽歌


36도 열에 나는 항상 타고 있어요
그런데도 절 돌보지 않는군요, 어머니,
솜털같이 쉬운 여자처럼 당신은
손짓 하나로 죽음의 편에 가 누웠지요
고운 가을 풍경과 수많은 상냥한 여인들르
당신의 모습을 맞춰봅니다
하지단 집어삼키는 불길에
이제 시간이 얼마 남지 않은 것 같아요

마지막으로 저는 서버드살라시에 갔었어요
전쟁은 끝이 났고
혼란으로 가득한 부다페스트에서
가게들은 빵 없이 텅 비어 있었지요
기차 지붕 위에 몰래 십자로 엎드려
감자를 가져왔어요, 가방에는 수수도 들어 있었죠
고집쟁이였던 제가 당신을 위해, 닭도 구해 왔는데,
그런데 이미 당신은 어디에도 없었어요

당신은 달콤한 젖가슴과 당신 자신을
제게 빼앗아서 구더기들한테 주었죠
당신은 아들을 위로하고 꾸짖었어요
그런더 보세요, 자상하던 당신 말은 새빨간 거짓이었어요

당신은 내 수프에 입바람을 불어 식히고, 저으며
말했어요, "먹으렴, 날 위해 커야지, 내 성인聖人아!"
지금 당신은 텅 빈 입술로 비옥하고 축축한 것을 먹고 있겠죠
당신은 나를 기만했어요


내가 당신을 먹을 수만 있다면!⋯ 당신은 자신의 저녁을
집에 가져왔어요, 제가 달라고 했나요?
왜 등이 굽도록 빨래를 했어요?
관 바닥에서 바르게 펴려고요?
보세요! 당신이 한 번만 더 저를 때린다면!
제가 얼마나 좋아할까요, 되받아쳐버릴 테니까!
쓸모없는 사람! 존재하지 않으려고 노력하는,
모든 것을 망쳐버리는 귀신!


당신은 배신하고 헛된 약속을 하는
그 어떤 여자보다도 더 큰 사기꾼!
신음하며 낳은, 살아 있는 당신의 믿음을
당신이 사랑하는 것 밖으로 몰래 버리다니
당신은 집시예요! 당신이 아첨하며 준 것들을
마지막 시간에 모두 다시 훔쳐버렸죠!
아이 마음에 욕이 차올라요
엄마, 안 들려요? 저한테 말 좀 해봐요!


서서히 정신이 맑아지고,
전설은 사라져버리네요

엄마의 사랑에 절망한 아이는
자신이 얼마나 어리석은지 깨닫게 되죠
엄마가 낳은 사람은 결국 누구나 실망하게 돼요
이렇게 아니면 저렇게, 자기 자신을 속여보려고 하죠
싸우건 싸워서,
화해하면 화해해서 죽을 테지요


1935년 / 1936년 12월

## 달이 비추면

달이 비추면, 말 없는 무덤 너머 빛,
내 꿈속에 방문이 열린다
아이는 몰래 나가 부엌 바닥에서
겁먹은 채 빵을 썰어 우물거린다

그저 웃풍만이 안다, 잠들어 있는 집,
두리번거리는 커다란 눈, 떨리는 무릎,
생쥐처럼 쪼르르 달려,
기름들과 우유 단지 사이를 뒤진다

무시무시한 식기장이 우지끈 소리를 내면
조그만 손가락이 입을 막는다
자비를 애원하지만,
고요의 무서운 트럼펫은 소리를 멀리 퍼지게 한다

멈추지 않고, 미친 듯 증폭되는
이 소음, 이 고통, 이 세계의 잡음,
아이는 창백한 얼굴로 칼을 바닥에 떨어트리고
살며시 다시 잠자리에 눕는다…

내가 깨어나자, 해는 타오르고, 얼음은 녹고,
그 조각이 커다랗게 깨어진다

갈망이 열대과일 진열창을
마치 주먹으로 내려친 듯

정신을 잃은 얼음 신이 하늘을 놓아준다
벌써 지옥이 지겨워진 악마는
지상으로 두툼하게 온기를 쏟아붓는다
초록 불꽃으로 뒤덮이는 관목들

1936년 3월

# 당신 가슴에 숨긴 것

프로이트의 여든 살 생일을 축하하며

당신 가슴에 숨긴 것을
당신 눈에 보여주세요
당신 눈으로 예감하는 것을,
당신 가슴으로 기다려주세요

사람들은 말하죠, 산 사람은
사랑으로 죽을 지경이라고
하지만 한 조각 빵과 같이
행복이 필요한걸요

산 사람은 하나같이 아이지요,
엄마 품을 갈망해요
안아주지 않으면 죽이지요
신혼 침대는 전쟁터에요

성장하는 이들이
파괴하려는 사람, 피를 흘리는 한
수백만의 아들을 낳는
그런 여든 살이 되세요

오래전 당신 탈에 박혔던 가시는
더 이상 당신 안에 없어요
이제 죽음마저
당신 심장에서 멋지게 빠져나오고 있죠

당신 눈으로 예감하는 것을
당신 손으로 꼭 잡으세요
당신 가슴에 숨긴 사람,
그를 죽이세요, 아니면 키스를!

1936년 5월

## 당신은 나를 아이로 만들었어요


당신은 나를 아이로 만들었어요
서른 번의 치 떨리는 겨울의 고통이 부질없이 나를 키웠지요
나는 다닐 수도, 가만히 앉아 있을 수도 없어요
내 팔다리가 나를 당신에게 끌고 밀칩니다

나는 당신을 지키고 있어요 새끼를 입에 문 개처럼,
당신 숨을 끊지 못하게 도망치고 싶어요
내 운명을 부순 세월들이,
매 순간이 내게 쏟아집니다

먹여주세요, 보세요, 배가 고파요, 덮어주세요, 추워요
저는 멍청이에요, 저를 돌봐줘요
집 안의 웃풍처럼, 당신의 부재가 스밉니다
말하세요, 내게서 이 두려움이 사라지라고

당신이 나를 보자 나는 모두 놓쳐버렸지요
당신이 귀를 기울이자 나는 말문이 막혀버렸어요
내가 이렇게 잔인하지 않도록,
나 혼자 살 수 있거나, 죽을 수 있도록 해줘요!

엄마는 나를 내쫓았어요

사라지고 싶었지만 그럴 수 없어 나는 문턱에 누웠죠
밑에는 돌, 위에는 허공
아, 얼마나 잠들고 싶은지! 당신에게 노크를 합니다

나처럼 무심한 사람들이 많이 살고 있죠
그래드 그들 눈에선 눈물이 흘러요
정말 당신을 사랑해요 나 자신을
당신과 함께 사랑할 수 있었으니까요

1936년 5월

# 두너강에서

1
선착장 아래에 앉아
수박 껍질이 어떻게 헤엄치는지 바라보았다
수면이 떠들고, 심연이 침묵하는 것을
운명 속에 잠겨 있던 나는 거의 듣지 못했다
마치 내 심장에서 흘러나온 듯,
두너강은 어지럽고 지혜롭고 거대했다

갈고, 망치질하고, 벽돌을 만들고, 땅을 파는
일할 때 사람의 근육과 같이,
모든 물결과 모든 움직임은
그렇게 튀어 오르고, 당겨지고 느슨해졌다
우리 엄마같이 나를 어르고, 이야기하며
도시의 모든 때를 씻어냈다

빗방울이 떨어지기 시작했지만
아무래도 좋다는 듯, 바로 그쳤다
그럼에도 나는 수평선을 바라보았다
동굴 안에서 길게 내리는 비를 내다보는 사람처럼
여러 빛깔이었던 과거는 무채색이 되어
무심히, 영원한 비처럼 내리고 있었다
두너강은 그저 흘렀다 마치 다산多産하는,

다른 이에게 한눈파는 엄마 품에 안긴 아이와 같이,
거품들은 즐겁게 장난을 쳐대고,
나를 향해 웃었다
묘비가 서 있는 동요하는 무덤처럼
시간의 범람에 그들은 그렇게 떨었다


2
나는 그렇다 내가 갑자기 보는 것을
나는 이미 십만 년 동안 바라보고 있다
일순간, 전체 시간이 완성된다
십만 조상이 나와 함께 살펴본다

밭을 갈고, 죽이고, 껴안고, 그들이 할 일을 하느라
보지 못했던 것을 나는 본다
그리고 고백하자면, 물질로 돌아간 그들이
보는 것들을 나는 보지 못한다

기쁨과 슬픔처럼, 우리는 서로를 안다
과거는 나의 것이고, 현재는 그들의 것이다
우리는 시를 쓴다 그들은 내 연필을 잡고
나는 그들을 느끼고 기억한다

3
어머니는 쿤족이었고, 아버지는 절반은 세케이인,
절반은 루마니아인, 아니면 아마도 완전히 그러했을 것이다
어머니 입에서 음식은 달콤했고
아버지 입에서 진실은 아름다웠다
내가 움직일 때, 그들은 서로 껴안는다
그래서 난 가끔 슬픔에 빠진다
이것이 사라짐이며 이로써 내가 존재하는 것이다
"우리가 사라지면, 보게 될 거다!" 그들이 내게 말한다

그들이 내게 말한다 그들은 이미 나이다
유약한 나의 존재는 이렇게 해서 강해진다
나의 기억은 셀 수 없이 많은 사람의 것,
모든 줄기세포까지 나는 조상이기 때문이다
나는 조상이다, 분열하고 증식된다
행복하게 아버지, 어머니가 된다
아버지와 어머니, 그들도 둘로 나뉘어
나는 하나의 영혼으로 이렇게 증식한다

나는 세상이다, 존재했던 것, 존재하는 것
서로 싸우는 많은 민족들,
정복자들은 죽어서 나와 함께 승리한다
정복당한 자들의 고통이 나를 괴롭힌다
아르파드와 절란, 베뵈치와 도저

터ㅋ, 타타르, 토트, 루마니아인들\*이
순탄한 미래를 빚진 과거의 채무자로
이 심장 속에 뒤섞인다, 오늘날 헝가리인들이여!

…나는 일하고 싶다
과거를 고백해야 하는 것도 충분한 전투,
과거, 현재, 미래인 두너강의
부드러운 물결이 서로를 끌어안는다
기억은 우리 즈상들이 겨루었던
전투를 평화롭게 풀어내고
우리 공동의 과업들을 마침내 정리한다
결코 적지 않은 이 일이, 바로 우리의 일이다

1936년 6월 초

\* 헝가리 땅을 침략했던, 헝가리에 침략당했던 지도자와 민족을 나열하고 있다.

# 한 스페인 농부의 비문

프랑코 장군은 날 잔인한 군대에 징집하였다
총으로 쏴 죽일까 두려워 탈영하지 않았다
두려웠다, 그래서 이룬Irun 벽에서 권리와 자유에 대항해
군대와 싸웠다
그렇게 해도 죽음을 맞았다

1936년 8월 말

## 깨우쳐주세요

당신의 아이에게 깨우쳐주세요
강도들도 사람이며,
마녀들은 여신인, 보부상이라고
(개가 사납게 짖어대도 늑대는 아니죠!)
흥정을 하든, 철학을 하든,
누구나 희망을 돈으로 바꿀 뿐
누구는 석탄을, 누구는 사랑을
또 어떤 이는 이런 시를 팔 뿐이라고

이런 사실이 위로가 된다면,
아이들을 위로해주세요
아니면 새로운 이야기를 하나 해주세요
파시스트의 공산주의에 대한 이야기를
세상엔 질서가 필요한데,
질서가 좋은 이유는
아이가 쓸모없어지지 않도록,
좋은 것이 허락되지 않도록 하는 것이라고

만약 아이가 입을 헤벌리고
당신을 올려보거나 훌쩍이더라도,
넘어가면 안 돼요, 절대 믿지 마세요
당신의 원칙들을 마비시킬 거예요!

꾀부리는 아이를 보세요
불쌍해 보이려고 악을 쓰며 울지만
젖통에서 미소 지으며
손톱과 이빨을 키우고 있어요

1936년 7-10월

# 그 옛날, 아름다웠던 부인

그 옛날, 아름다웠던 부인을 또다시 보고 싶어요
부드럽고 상냥한, 요정이 숨어 있는 그녀,
우리 셋이서 산책할 때면 그녀는 들판 옆
맑은 흙탕물에 명랑하고 신중하게 발을 내디뎠죠
그 옛날, 아름다웠던 부인을 사랑하고 싶지 않아요
그저 그녀를 보고 싶을 뿐, 어떤 계획도 없어요
저기 정원에 앉아 햇볕을 쬐며 공상에 잠겨 있는 그녀,
자기 자신처럼, 덮인 책 한 권을 손에 쥐고 있는 그녀,
근처 가을바람에 쏴쏴 소리를 내는 크고 빽빽한 나뭇잎들
바람이 살랑거리는 나무 덩굴 아래서 한번은
어떤 생각이 났는지 머뭇거리며 천천히 일어나
주위를 둘러보고 갑자기 길을 떠나는 그녀, 한참 지켜보고 싶어요
정원수 넘어 숨어 있는 길, 머나먼 곳으로 통하는 길,
이별의 손짓을 하는 나무들이 양쪽에 나 있는 길
죽은 엄마를 그리는 아이처럼 그녀를 보고 싶어요
빛 속에 사라져가던 그 옛날, 아름다웠던 부인을

1936년 7-10월

## 사랑하는데 겁쟁이인 당신


사랑하는데 겁쟁이인 당신은 쓰레기,
가차 없이 밖에 서리를 뿌려대는
이 구역질 나는 하늘이 우리 목에 들이미는
안정적 직업을 더 중요하게 여기는 사람
살아 있는 낮 동안
의무라는 황금을 모으는, 가면 쓴 창녀
아이는 사랑을 애원할 수 있지만,
나는 그럴 수 없으니, 당신을 파괴해버릴 거예요

고결하고 고집 센, 나는 남자예요
위로는 필요 없어요 슬픔은 내 미덕이 아니에요
땅을 팔 때, 흙에 눌린 사람처럼
나는 그저 고통스러워할 뿐이죠 나는 욕을 해요
창녀! 당신에게 내가 이런 말을 뱉다니!
당신은 진지해도 유쾌하지요
여자치고 강하고 괜찮은 사람이에요
자신을 안짱다리라며 웃어넘길 정도니까,
그냥 하는 말이 아니에요
그렇게 당신을 향한 나의 고통도 헛된 것은 아니겠죠

벌써 남자다운 흔적은 사라져버리고
내 얼굴은 그저 창백하기만 합니다

미친 선생의 강의를 듣고 있는 빈 책상들처럼,
내 일들도 나를 듣고만 있어요
당신은 못 느낄 거예요
당신, 내 인생, 그리고 나까지도 어떤 위험이 위협하는지
내가 바라는 것은 누구도 아닌 당신과 함께하는 거예요
그것이 꼭 죽음의 침대가 돼야 하는 걸까요?

이 잠긴 세상의 손잡이를, 가벼운 당신 손을
내 손에 쥐여줘요, 밖에 자유가 기다려요
몰려드는 나의 죽음을 쫓아내주세요
말해주세요, 당신의 찬사가 곁에서 아첨하도록
당신 눈빛이 괴롭혔던 나를 당신은 알잖아요
당신이 날 사랑하지 않을 수는 없어요, 나의 사랑아!
언젠가 바다에서 태어난 세포 하나가
영원한 당신 품에 닿을 수 있도록 해주세요!

1936년 10월 23일

## 코스톨라니*

우리는 나태하여 이제서야 고통받는데,
당신은 이미 작품에 서명을 끝냈군요

줄표처럼 당신 몸은 수평이에요
이젠 벌레만이 당신을 물고 사랑하죠,

마치 우리가 닭을, 와인을 사랑하듯이… 나의 아무개, 나의 친구여!
  우리의 형제였다가 이제 우리의 아버지가 된 당신

다이아몬드 같은 말을 이제 당신은 캐럿으로 달지 못해요,
우리에게 흙이 쏟아져 내릴 땐, 다른 무게는 없으니까요

죽음이 당신을 굴복시킨 것처럼,
나는 희망에 절망하며 이것을 깨달았죠

당신은 희망했지요 나도 그랬어요,

* 코스톨라니 데죄. 20세기 초 헝가리 현대문학을 대표하는 작가. 『뉴거트』 1세대 작가로, 요제프 어틸러를 후원했다.
1936년 11월 3일에 죽은 코스톨라니 영전에 바치는 시이다.

죽은 사람을 께우는 사람처럼, 헛되다는 것도 우리는 알았지요

1936년 11월 초

# 너무 아프다


안에서, 밖에서
도사린 죽음 앞에서
(겁에 질려 쥐구멍에 뛰어든 생쥐같이)

열정으로 불타는 동안,
너는 여인에게로 도망친다
그녀의 팔과 가슴과 무릎이 널 보호해주리라

유혹하는 것은 포근하고 따뜻한 품,
욕정뿐이 아닌 것을,
필연 또한 그녀에게 널 떠민다

그래서 모든 것은
입술에 핏기가 사라질 때까지
찾은 여인을 끌어안는다

사랑해야 한다는 것은
둘의 부담이자 둘의 보물,
사랑하지만 짝을 찾을 수 없는 이는

볼일을 보고 있는 들짐승처럼
의지할 데 없고

그렇게 안식처가 없다

어머니에게 칼끝을 겨누고 있어도,
용감한 자여!
또 다른 피난처는 없으니!

보라!
이 말을 이해하는 여인과 만났지만
그녀는 나를 밀쳐버렸다

이렇게 산 자들 속에
설 자리를 잃어버린 나, 머리가 울린다
나의 근심과 고통의 온갖 미사여구가

마치 덩그러니 버려진
아이 손의 딸랑이처럼
딸랑거린다

그녀를 위해서, 그리고 맞서
무엇을 해야 하는가?
방법을 찾는다 해도 나는 부끄럽지 않다

세상은, 멍하게 낮을 보내고,
잠을 두려워하는 사람을
어차피 거부할 것이니

문화가
사랑을 나누는 다른 연인들의 옷처럼
내게서 벗겨진다

죽음의 휘둘림을 나는 홀로 견뎌야 하고,
그녀는 그것을 지켜보기만 하라고
어디에 씌어 있단 말인가?

태어나는 아기도
여인이 낳을 때 고통받는다
서로의 아픔은 비참함을 달래준다

그러나 이 쓰라린 나의 노래는
돈을 벌어주고
부끄러움을 짊어지게 한다

나를 도와주오!
너희 어린 소년들이여,
그녀가 다니는 곳에 너희 눈을 터트려버려라!

무고한 이들이여,
장화 밑에서 울어라!
그리고 그녀에게 말하라, 너무 아프다

너희 충직한 개들아,
바퀴 아래 깔려라,

그리고 그녀에게 짖으라, 너무 아프다

여인들아, 잉태한 자들아,
중절하라,
그리고 그녀에게 절규하라, 너무 아프다

건강한 사람들아,
넘어져라, 산산이 깨져라
그리고 그녀에게 중얼거려라, 너무 아프다

너희 남자들이여,
여자 때문에 서로를 쥐어뜯으며,
잠자코 있지 마라, 너무 아프다

말들아, 황소들아,
멍에를 지기 위해 거세를 당하는 것들아,
울부짖으라, 너무 아프다

말 못하는 물고기들아,
얼음 아래서 낚싯바늘을 물어라,
그녀에게 뻐끔거려라, 너무 아프다

생물들아,
고통에 떨고 있는 모든 것들아,
살고 있는 곳이 정원이든, 들판이든 불타오르라

침대 주위에서,
검게 탄 그녀가 잠이 들면,
나와 함께 짖어대라, 너무 아프다

그녀가 사는 동안, 듣도록 하라
그녀는 자신에게 마땅한 것을 거절했다
순전히 자신의 평안을 위해

안에서, 밖에서
도망치며 사는 사람 앞에서
최후의 피난처를

1936년 10-11월

## 곧 당신은 늙을 거예요

곧 당신은 늙을 거예요 그리고 후회하겠죠
날 괴롭힌 것을, 오늘은 그게 자랑스럽겠지만,
양심이 곧 문을 두드릴 테고
편안히 떠오르는 기억은 없을 거예요

당신 곁에는 늙은 개가 자리 잡고 있겠죠
낮에 당신은 의자 위에 졸면서 쉬겠죠
밤에는 홀로 두려움에 떨어야 할 테니까요
유령들이 벌벌 떠는 노파를 덮칠 거예요

늙은 개가 가끔 애처롭게 울 테지만,
방은 그요할 거예요, 잘 정돈된 채
이 외로운 적막에 당신은 과거에서
누군가를 그리워할 거예요

뒤뚱이며 아픈 다리로 걷고 나면,
곧 절뚝거리다 앉겠지요 벽엔 금테 액자
젊은 시절 사진어 대고 당신은 중얼거릴 거예요
"그를 믿지 않았어, 사랑하지 않았으니까"

"내가 뭘 할 수 있었겠어?" 당신은 물을 거예요
하지만 당신의 이미 합죽이가 된 입은 대답할 수 없겠죠

해가 뜨면 눈을 감는 당신은
어서 달이 뜨기만 기다릴 거예요

잠이 들면, 마구를 벗으려는 망아지처럼,
침대가 튀어 오를 거예요 당신 머리엔
사랑을 해야 할지, 사랑을 말아야 할지,
희망이 아닌 두려움이 자리할 거예요

당신이 결정해야 할 거예요 마음이 아프네요
살아 있냐고 묻는 당신에게 대답할 수 없을 거예요
내 안에 고통이 지쳐
아이처럼 잠이 들면 나도 잠이 들 테니까요

1936년 10-11월

## 나두 하차 작업

아직 아지랑이가 피어오르는 기차역 철교,
그러나 벌써 여민한 가을 정오는 평화롭다
화물차에서 던져진 마른 장작들은
텅텅 소리를 내며 나뒹군다

뒤집혀지는 장작 하나, 떨어져 쌓인 더미는 말이 없다
무엇이 괴로운가? 나는 겁을 내고 있는 것 같다
어깨 위에 장작을 지고, 도망치려던 나,
어린아이였던 내가 아직도, 여전히 살아 있다

나였던 작은 악동이 오늘도 살아
그 슬픔이 어른의 숨을 조이고 있다
하지만 울지도 않고 노래를 흥얼대며
모자가 날아가버리지 않을까 챙기고 있다

건장한 사람들아, 나는 당신들이 무서웠다
나무 내리는 당신들을 그렇게 감탄했다니?
훔친 나무처럼, 이제 당신들을 내가 데려가리라
고향 잃은, 온통 파수꾼뿐인 이 세상에서

1936년 10-11월

# 두 육각운*

왜 내가 명예롭게 살아야 하나? 그래도 관에 눕히는 것을!
왜 명예롭게 살지 말아야 하나! 그렇게 해도 관에 눕히는 것을

1936년 11-12월

* '헥사미터(Hexameter)'라는 라틴 시형(詩形). 「오디세이」나 「일리아드」 같은 고전에 사용되었던 형식이다.
'그래도/그렇게 해도'라고 바꿔 표현한 것은 같은 뜻이지만 띄어쓰기로 차이를 주고 있기 때문이다.(Úgyis/Úgy is)

## 엇갈린 포옹

저녁밥을 기다리듯, 그렇게 당신을 기다렸어요
나는 잠자리에 누웠지만, 엄마는 아직 오시지 않았죠
간절하게 그리고 바보같이, 당신을 원했어요
(아직 어릴 때 죽음을 불렀던 때처럼,
하지만 오지 않았죠 얼마나 다행인지…
그때를 생각하면, 그래요, 지금 난 행복하니까요
그러나 당신이 오지 않은 것은
더 어리석은 길이었어요, 비록 당신은 계속 다시 오겠지만!

고집스런 세월이 세상을 밀어내지요
캐내고, 조각낸 석탄을
자기 앞으로 힘껏 미는 광부처럼
하지만 저 깊은 곳에선, 사랑하는 이는 오직 하나예요
어떤 불길이, 빼 든 칼들의 환영이
당신을 붙잡고 있었을까요
달이 기우는 동안
왜 나는 당신을 안을 수 없었을까요?

간청하는 나는 구력한 돌들처럼,
죽어버린 별들에 그저 휩쓸렸어요
사랑하는 당신 품에서라면

소용돌이를 이겨낼 수 있었을 텐데! 당신 품은 어디 있었죠?
여기서 시간이 거짓을 지껄이는 동안,
당신은 무대를 올려보고
울려 퍼지는 박자의 침실에서
나 없이 전율하였어요*

당신은 불평하죠
스타킹에 올 하나가 나가 불쾌하다고!
지금 우리 사랑에서 포옹 하나가 떨어졌어요
당신 가슴에서 영원히 찢겨버렸어요
그 예술가**는 소멸과 싸웠지요
그의 편에 증언하세요! 하지만 나랑! 다른 누구도 아닌!
문제가 뭔지 이제 좀 파악해요
당신이 무슨 짓을 하는지, 나는 미친놈이 아니에요

1936년 11-12월

---

\* 어틸러가 옛사랑 바고 마르터를 찾아왔던 날, 그녀는 지인들과 음악 공연을 보러 갔고 둘은 만나지 못했다. 이와 관계된 표현이다.
\*\* 음악 공연의 연주자.

# 고독

당신의 뜬 눈으로 벌레가 들어가기를,
가슴에 푸른색 벨벳 곰팡이가 피기를,
나를 보낸 고독 속을 응시하기를,
이가 부서지기를, 혀를 삼켜버리기를

사랑스런 당신, 그 얼굴이 마른 모래처럼
알알이 흘러내리기를, 당신 품엔 텅 빈 자리,
나를 너무나 어무하고 싶겠지만,
당신의 부지런한 손가락들을 잡초가 옭아매기를

보아도, 이 구역질 나는 소망, 이게 바로 당신이에요
누가 나를 이렇게 사악하게 만들었나요
주위에 사람들이 구경하러 말없이 몰려들어도,
당신은 눈 하나 깜빡이지 않겠죠

지금은 누구를 끌어안고 있나요? 아들을 낳으면,
그 아이는 그저 빙빙 도는 것만 좋아하겠죠
배부른 악어들이 배를 깔고 주위를 둘러싸는 동안
당신은 눈만 끔뻑이고 있겠죠

가만히 나는 침대에 등을 대고 누워 있어요
내 눈을 봅니다. 내 눈으로 당신은 나를 보고 있군요

죽어버려요!
내가 죽을 것같이, 소리 없이 기원해요

1936년 11-12월

# 외침

아아, 나를 격하게 사랑해주세요,
내 거대한 불행을 모두 몰아내주세요!
철창 안 원숭이처럼
내 이념에 갇힌 나는
이를 갈며 길길이 날뜁니다
아무것도 믿지 않는 나는 너무나도
벌이 두렵습니다

필멸의 존재여, 내 노래를 듣고 있나요?
아니면 당신은 그저 황야의 메아리인가요?
날 안아주세요 칼날 세운 총검 앞에 얼어버린
눈먼 장님처럼 있지 말아요
누군가에게 호소할 수 있는
불멸의 안식처가 나는 없어요
벌이 두렵습니다

강물에 흘러가는 뗏목처럼
뗏목 위 슬픈 슬로바키아인처럼
우리 인간이라는 종은
고통에 말없이 흘러갑니다
그러나 나는 흐느끼고 외칩니다
사랑해주세요, 내가 아주 악한이 되지 않도록

# 벌이 두렵습니다

1936년 11-12월

## 안팎으로 쏟아질 것 같은


눈이 안팎으로 쏟아질 것 같아요
내가 미쳐도 나를 아프게 다루지 말아요
튼튼한 팔로 잘 붙잡아주세요

정신을 잃고 눈이 돌아가도
주먹으로 겁주지 말아요 그래도 나는 보지 못하니까요
허무에서 다시 끌어내지 말아요

생각해보세요, 이 세상에
내게는 아무도, 아무것도 없어요 나라고 부르던 그것마저도
나는 마지막 빵 조각을 씹고 있어요

이 시가 완성될 때까지…
우주를 살피는 조명처럼, 나를 훑는 눈초리
내가 무슨 죄를 지었나요

나의 어떤 신호에도 사람들은 대답하지 않아요
합당한 나의 사람이 나를 사랑하지 않아요
이해할 수 없는 나의 죄를 믿지 말아요

썩은 부식토가 나를 용서할 때까지

1936년 11-12월

# 완성된 회고록

처음부터 나는 내 자신을 믿었다
아무것도 없는 자, 큰돈 드는 일도 아니니,
영원히 땅에 썩을 짐승보다
결코 더 가진 것이 없었다
겁먹었어도, 내 자리를 지켰다
태어나고, 섞이고, 그리고 헤어졌다
값을 매기는 사람에겐 그렇게 지불했고,
공짜로 주는 사람은, 대신에 사랑했다
사랑하는 척 나를 갖고 논 여인을
진정으로 믿었다, 그녀가 기쁘기를!
배에서 솔질을 하고, 양동이를 끌고,
잘난 선생들 사이에서 바보를 연기하고,
그때그때 쉬운 것으로,
바람개비, 빵, 책, 신문 그리고 시를 팔고,
영광된 전쟁터도, 부드러운 노끈에도 아닌
침대에서 생을 마치기를 가끔 바란다
어떻게 되어도, 회고는 이미 끝났다
나는 살았고, 그리고 다른 이들도 이미 그렇게 죽었다

1936년 11-12월

## 가벼운 기억들◆


가벼운 기억들이여, 어디로 사라졌는가?
내 심장은 무겁고 흐느낄 지경이다
내가 붙잡고 있던 것이 벌써 내 손을 놓아버렸으니,
이제 나는 너희들 없이 살 수가 없다
작은 장난감 하나 정도는 나도 가질 수 있지 않을까,
너희 연약한 나비들이여! 앞으로 나타나라!

기억들, 작은 군인 납인형들,
내가 이것들을 얼마나 원했던가
그리그 이것들의 칼을 똑바로 폈었지
터키근들아, 보어인들아, 내 주위로 모여라!
작은 대포들아, 너희들도 줄을 맞춰 일어서라!
내 심장이 무겁다, 나를 보호하라!

1936년경

# 토마스 만 환영사

이제 편안히 쉬고 싶어
잠자리에 누웠지만,
"가지 말고 이야기해주세요"
(이렇게 밤은 갑자기 오지 않죠)
졸라대는 아이와 같이,
쿵쿵 작은 심장을 졸이는 마음이
이야기 때문인지
아니면 당신 곁에 머물고 싶어서인지
자신도 잘 모르는 아이와 같이,
우리는 청합니다, 우리 곁에 앉아서 이야기해주세요
이야기해주세요, 잊지 않았지만 또 듣고 싶어요,
인간의 가치 있는 고민을 하는 당신,
당신이 여기, 우리와 함께 있고,
우리 모두가 당신과 함께 있다는 걸
이야기해주세요
시인은 거짓말하지 않는다는 것을 당신은 잘 알죠
사실이 아니라 진실을,
우리 정신을 밝힐 빛을 말해주세요
서로가 없다면 우리는 암흑 속에 있는 것이니까요
한스 카스토르프의 여인 쇼샤의 몸을 관통해 보듯,*
이 밤, 여기서 우리 자신을 꿰뚫어 보게 해주세요
소음들을 차단하는 당신 이야기,

무엇이 아름다운지, 무엇이 문제인지 말해주세요
비탄에서 희망으로 우리 가슴을 들어 올려주세요
우리는 지금 가여운 코스톨라니를 묻었습니다
그를 덮친 암처럼, 인류를 갉아먹는
괴물국 공포는 단 하나가 아니에요
우리는 공포에 떨며 묻습니다, 또 무슨 일이 일어날까요
포악한 새 이들이 어디서 우리를 덮칠까요
우리에게 스며들 새로운 독이 만들어지고 있는 걸까요
당신이 강연할 수 있는 이런 자리가 언제까지 가능할까요?
당신이 말하면, 우리는 견딜 거예요
남자는 남자로, 여자는 여자로, 자유롭고 친절한,
모두 사람으로 남아 있을 거예요
점점 더 줄고 있으니까요,
앉아보세요 그리고 멋지게 이야기를 시작해주세요
우리는 경청할거요, 당신을 그저 바라만 보는 사람도 있겠죠
오늘 여기 백인들 사이에 한 유럽인을 보는 것이 기뻐서

1937년 1월 초

\* 토마스 만의 「마의 산」 인물들. 소설에서 쇼샤의
엑스레이를 찍는 내용이 나온다.

# 시학 詩學

네메트 언도르에게

나는 시인이다
시 그 자체에 무슨 관심이 있을까?
밤에 강물에 비친 별은
하늘에 떠 있어야 아름답지 않을까?

시간은 시나브로 흘러가는 것,
우유 같은 이야기에 매달리지 않고,
거품 나는 하늘을 이고 있는
현실 세계를 나는 홀짝이고 있다

원천源泉은 멋지다 그곳에 멱을 감아라!
평화와 떨림이 서로를 껴안고,
사랑스럽고 영리한 이야기가
거품 속에서 깨어난다

다른 시인들은, 그들이 나와 무슨 상관인가?
자신들의 가슴까지 더럽히며,
꾸며댄 허상과 알코올에 취해
하나같이 흉내만 내라지!

나는 이 오늘날의 술집을 넘어
의미까지, 그리고 더 나아갈 것이다!
자유로운 이성으로 추잡스럽게
어리석은 노예를 연기하지는 않을 것이다

먹고, 마시고, 자고, 잠들 수 있도록!
세상 모든 것으로 네 가치를 정하라!
저열하고 무능한 권력들에게
꿈에도 시중들지는 않을지니

흥정은 없다 내가 행복하게 하라!
그렇지 않다면, 나는 누구에게든 모욕당하고
붉은 반점이 생겨날 것이고,
열병이 내 몸의 수분을 몽땅 마셔버릴 것이다

나는 는쟁하는 입을 다물지 않고
지식에게 최후의 진술을 하리니
이번 세기는 나를 지지하며 바라본다
땅을 갈며 농민들은 나를 생각한다

일하는 두 동작 사이에
노동자의 육체는 나를 예감한다
저녁에 극장 앞에 서
초라한 복장의 젊은이는 나를 기다린다

자기 진영으로 모여든 불량배들이

내 시의 질서를 몰아내고,
형제의 탱크들이 시동을 걸어
운율을 사방으로 흩어지게 한다

난 말한다, 인류는 아직 성숙하지 않았다
그런데도 제멋대로 생각한다
두 부모의 눈으로 지켜보라,
정신과 사랑이여!

1937년 2월

# 플로러

1 운각운

녹아내린 눈이 벌써 양철 처마에 뚝뚝 떨어져요
거뭇해진 눈 거미에 얼음이 지쳐 사라지고
물은 거품을 일으키며 하수구를 향해 흐르다 넘쳐요
경쾌한 즐거움이 날아 높은 하늘에 전율하고
아침 무렵 행복한 열망이 붉은 셔츠를 벗어 던져요

보아요, 플로러! 내가 당신을 얼마나 경의하며 사랑하는지!
상처에서 붕대를 떼어내듯, 재잘대는 이 아름다운 용해 속에
당신은 내 가슴에서 슬픔을 걷어냈어요 다시 얼얼합니다
 영원한 당신 이름의 물결, 부서질 듯 아름다운 햇볕이 말을
걸어요
 당신 없이 살아온 것을 깨달은 나는 몸서리를 칩니다


2 신비한 일들

신비한 일들이 울려 퍼지면,
이야기 속에서처럼 나는 보초를 섭니다
당신은 내게 칼끝까지
무거운 신념을 입혔어요

바람이, 물이 이야기합니다
당신이 이해한다면 얼굴을 붉힐 거예요
눈이, 심장이 이야기합니다
당신을 청하고 있어요

나도 노래를 씁니다
어차피 당신을 사랑하는 거,
이 무거운 신념을
가볍게 덜기 위해


3 벌써 이십억

벌써 이십억의 사람들이 여기 나를 묶어요
날 그들의 충직한 짐승으로 만들기 위해,
하지만 아름다운 선善과 부드러운 감성은
세상에서 남쪽으로 떠나고 있어요
유리관을 들여다보는 의사들처럼
이제 난 모든 것을 빛 아래 펼칠 수 없어요
내 사랑, 당신이 날 도와주지 않는다면,
그들이 하자는 대로 할 수밖에요

농부에게 흙, 조용한 비, 깨끗한 태양처럼
당신이 필요해요
식물에게 싹을 활짝 피우게 하는 초록처럼

당신이 필요해요
그들의 고통이 우리의 미래를 낳지 않았기에,
고집을 부리며 어쩔 수 없이 떨고 있는 근면한 노동자에게
일, 자유, 빵 그리고 선한 말처럼
당신이 필요해요

마을에 전깃불, 돌로 만든 집, 학교, 우물처럼
아이들에게는 장난감, 후견인처럼
노동자들에게 인간의 자각처럼
플로러, 당신이 필요해요
가난한 사람에게, 뒤죽박죽 엉킨 사회에
본보기처럼, 선량함처럼,
자기 자신을 밝게 비출 수 있는 정신처럼


4 정열

내가 사랑하는 것만큼, 그렇게 정열적이라면,
그리고 싸움하는 이 가족, 사람들이 화해한다면,
기꺼이 따르는 마음으로
영원한 청춘의 음료를 찾겠지만

나는 벌써 무거워지고, 나의 영혼은
어린 가지가 붉게 푸르러야 행복하다
비록 내게 이별을 알리지만,
나는 이 이상한 물건을 좇으려 하네

영원한 청춘의 음료를

말 많은 학문들은 떠들어대도
마음속을 보는 사람은 적어도 내가
열망하는 것을 찾을 수 있게 지지하겠지
비록 없다고 하여도,
영원한 청춘의 음료를


5 당신의 가치를 평가받기를!

나의 영혼은 세워지고, 아름다워져요
이제 빈 공터에 상상한 집이 아니에요
그늘로 가득 찬 내가
여인들 사이에서 플로러를 찾았으니까요

그녀는 초원의 이슬 같은 생기로움,
불확실한 존재 속 확실함,
그녀 다리가 내 뱀들을 짓밟고,
그녀 미소가 내 걱정을 쓸어버리죠

깨끗한 물에 맛을 주고,
깨끗한 맛에 입을 주고,
내가 쫓길 때면, 집으로 돌아오라 부르고,
그녀의 눈 속엔 어린 말이 풀을 뜯어요

그녀는 증명서예요, 그녀와 함께
먼지처럼 사라짐에 선善이,
배회하는 무無에 정신이 저항해요
불안한 내 사랑이 말하고 논쟁해요

당신은 내 이해에 의미를 읽었고,
무모함을 용감함으로 만들었고,
날 사랑하지 않는 동안 괴로워했고,
내 온 세상의 하늘이 되었어요

당신에게 은총을 내리길, 당신을 알리길
모든 시대를 관통해 나를 사랑하길
어느 누구 아래 놓이지 않기를,
언제, 어디든, 당신의 가치를 평가받기를!

1937년 2월

# 나를 들어 올리지 않네요

이젠 아무도 나를 들어 올리지 않네요
나는 진흙 속에 가라앉아버렸어요
신이시여, 저를 당신의 아들로 받아주세요
잔인한 고아가 되지 않도록

형상이여, 내가 되어야 할 그 모습으로
저를 꼭 잡아주세요
어느 때이고 내가 필요할 때,
당신을 긍정하거나 부정할 수 있도록 도와주세요

내 마음이 얼마나 아이 같은지 당신은 알죠
당신을 부정했다고, 내게도 그러지 마세요
내 영혼이 눈멀게 하지 마시고,
가끔은 천국을 볼 수 있게 해주세요

고통이 일상이 되어버린 자,
당신의 근심들을 내가 짊어지고 있어요
그림자 세계의 그늘에서
이제 당신이 날 지켜봐주세요

내가 사랑하는 모든 이들을 일깨워주세요
저를 따뜻한 마음으로 대해주라고

제 사건을 조사해주세요
저를 희생하기 전에

1937년 2월

## 아침 햇살

아침 햇살 속 들판의 솜털 같은 떨림과
미풍이 시작된다 사랑스럽고 보드랍다
여전히 졸음 가득 넘치는 매력
그리고 우리 강은 심연도 흐르지 않는 척한다

깊은 곳도 흐르지 않는 척,
정신 차려! 이 어리석은 사람아,
물론 나도 설마 하겠지 때 이른 하늘에 걸린 것이
이렇게 견고한 천사의 모조품일 줄이야!

온통 산뜻함, 온통 붉음, 온통 해로움,
온통 간교함, 온통 화살, 온통 타락
이제야 알겠나? 아침에 돼지 떼가 나갈 때,
돼지치기가 왜 항상 욕을 해대는지

물론 안아주고 싶겠지!
하지만 이 요정을 가슴에 품으면 안 돼
금발 돼지가 어린 이삭을 먹어버리듯,
자네 심장을 애꿎게 먹어버리면 어쩌겠는가!

1937년 3월

## 파도에서 솟아주세요


하느님, 제가 놀라게 해주세요,
당신의 화가 필요합니다
갑자기 파도에서 솟아주세요
무無의 물살에 절 내치지 마세요

말에 내쳐진 채, 먼지 속에
보이지도 않을 정도인 제가,
그런 제가 사람의 심장에 맞지 않는
커다란 고통의 칼을 가지고 놀고 있습니다

저는 불이 붙기 쉽죠, 그리고 태양처럼
불꽃을 터트립니다 뺏으세요!
소리쳐주세요! 안 된다고!
당신 번개를 내 손에 내리치세요

노여움이든 은총이든 내게 내리세요
무고한 죄!
이렇게 결백하려느니,
차라리 지옥불에 타는 게 낫습니다

홀로, 누워 있을 때면,
거칠고, 거품 나는 침을 흘리는 바다,

그 한 입의 음식처럼 나는 구릅니다
이제 감히 못할 게 없지만, 아무런 의미도 없네요

당신이 몽둥이질을 하지 않으신다면,
나는 죽으려 숨을 참을 거예요
그리고 인간의 얼굴을 한,
당신의 부재에 나는 맞설 거예요

1937년 3월

## 플로러에게


지금 꼭 생각허야 할 것이 있어요
만약 당신이 날 사랑하지 않는다면,
내 소중한 석탄을 그만 지피고,
피곤한 눈을 감아도 좋겠죠

죽는 것은 좋은 일이니, 아마 난 기뻐할 거예요
당신이 이렇게 날 사랑하지 않는다면 말이죠
흰 뭉게구름 피는 푸른 하늘,
재잘거리는 별구리 옆에

평안의 기슭으로 나와 앉겠죠
비어 있지 않은 우주의 언덕에서,
덤불에 핀 꽃들을 바라보듯
세상을 내려다블 거예요

견습 선원 시절 여름이었어요
덜컥이던 예인선 터타르호에서
어느 화창한 하루, 기쁨을 배우는 사람처럼
나는 할 일 없이

범람하여 흐르는 두너강을 바라보았죠
나뭇잎째 가지들이 떠내려가고,

누런 강물이 나무판을 삼켜대고,
얼마나 큰 물길을 일으켰는지

빛나는 수박을 얼마나 많이 쓸어갔는지,
당신은 믿지 못할 거예요
내가 당신에게 말하지 않는다면,
어쩌면 나도 믿지 못할 테니까요

빨간 사과들도 둥실둥실,
녹색 파프리카들이 자맥질을 했지요
금방 이것, 아니면 또 저것도 좋았을 거예요
예인선은 서서 고개를 끄덕거렸죠

우주의 검열이 있다면, 이렇겠지요
얼마나 멋진가요! 모든 것에 고개를 끄덕이며,
당신에게 어울리는 하늘이
얼마나 파랗게 타오르는지, 나는 지켜보겠죠

모든 것은 그저 덤이기 때문에,
삶은 홍수같이
죽음의 가장자리 넘어,
우주들, 심장들 깊은 곳을 지나,

그 침묵의 경계를 넘어 물결쳐요
그해 여름, 두너강처럼 말이죠…
당신이 나를 사랑하기 때문에,

내가 편히 잠이 들고, 당신에게 고백할 수도 있죠

죽음으로 깨달았어요
내 안에 나를 담을 수 없었음을,
그래서 내 영혼은 공유된 재산이며,
이렇게 많이 당신을 사랑한다는 것을

1937년 3월

# 유하스 줄러* 죽다

전화가 울리고, 소식이 아픕니다
친구여, 당신이 자살했다고,
고집스럽게 침대에 누워 있다는군요
미치광이들 사이에서조차

당신의 심장은 운명을 견디지 못했군요
고통의 환영을 더는 약을
이 세상 어디서도 찾지 못하고,
아, 평화롭게 열린 무덤을 찾았군요

이제 와 내가 뭐라고 할까요? 하느님의 은총을?
이미 당신은 환각으로 오래전에 죽었다고?
아직도 멋진 수염과 머리칼은 자라고 있어요

당신의 수많은 멋진 시를 우리는 낭독합니다
지금 당신을 씻기고, 어머님은 애도합니다
당신 동료들의 추도사가 도착합니다

1937년 4월 5일

* 헝가리 시인. 『뉴거트』 1세대 대표 작가 중 하나로 어틸러의 첫 시집에 서문을 썼다.

## 생일을 맞다

서른두 살이 되었지
이 시는 갑작스럽고,
아기
자기한

깜짝 선물,
카페 구석에서
내가
내게

서른두 해가 훌쩍 지났어도,
아직 월 이백을 벌지 못했지
아무렴
조국이여!

선생님이 될 수 있었건만,
볼펜이나 닳게 하는
불쌍한
청년

그럴 수 없었지, 세게드에서
날 쫓아낸

이상한
선생님

징계는 빠르고 거침없었지,
'아버지가 없다'라는 나의 시에,
조국을
지키려

나를 향해 빼 든 칼자루
나는 똑똑히 기억하네
노여움과
그 이름을

"내가 언어를 이해하는 한,
넌 선생이 될 수 없다"
횡설수설
기쁨가득

우리 시인이 문법을 배우지 않아,
호르게르 언털 교수님이 기뻐하신다면,
가벼운
쾌락

나는 내 민족 전체를
고등 수준 이상으로
가르

치겠소!

1937년 4월 11일

# 나의 조국

1
그날 밤, 귀갓길
양처럼 부드러운 속삭임이 흔들리고
부드럽고 따스한 바람 속
재스민들이 손뼉을 치고 있는 것을 느꼈다

꿈결에 거대한 숲 같았던 나의 영혼,
하지만, 내가 마주한 것은 거리의 노숙자들,
내 정신과 언어가 시작되고, 양분을 얻는 곳,
바로 우리 공동체

품속으로 유혹하는 어머니, 자연의
취한 남자 친구처럼 생활하는
이 사회,

우울한 직장에서 욕지거리를 해대고 여기
텅 빈 이 밤 깊은 곳에서 생각에 잠겨 있는
민족의 가난


2
수천 가지 민족의 질병,

늘어나는 영아 사망,
고아, 조로무老,
정신병, 외동,

냉담한 범죄, 자살,
신 대신 기적을 바라는 정신적 나태,
이들을 드러내는 것만으로 충분하지 않다
이제는 정말 벗어나야 한다!

그리고 민족의 전문가, 노동자 들이
지혜로운 집회에서
수백 가지 문제에 머리를 맞대야 한다!

폭력의 마력 속에서
많은 입법자들이 하는 일이란
우리 종種을 파괴하는 것뿐!


3
사람들이 기를 쓰며
나무와 곡식을 바친 지주는
곡괭이로 황폐한 터를 만든다
부숴버리게 한다 마을과 농가를!

구할 수 없는 조국을 지킨,
고난에 맞서는, 지혜로운 남자를!

가축을 이끌 줄 알 듯,
지혜로운 의원을 뽑을 줄 아는 남자를!

헌병의 멋진 펜들은 익살을 부린다
실실거리며 장담하며
다음은 누가 되어야 할지 적어 넣는다

'공개' 투표를 한 지 천 년,
볏단처럼 자신을 함께 묶어
숨어들거나 명령에 따른다


4
재산을 지키는 데 게으르지도,
정신을 놓지도 않았던 수많은 지주들
덕분에 백오십만 사람들이
비틀대며 미국으로 이주했지

가슴을 졸이고 다리를 덜덜 떨며
포효하는 거품 속에 사라져갔지
기억하면서, 구역질하며
와인으로 죄를 씻어내려는 사람처럼

소 방울 소리가 들린다고 생각하던 사람
그의 친구는 알고 있었지, 이 바보가 보내는
돈을 그의 가족들은 보지 못할 것이란 것을

우리의 과거는 모두 쌓여 있고, 새로운 세상은
걱정에 쌓인 이민자들을 기다렸듯이
그렇게 우리들도 기다리고 있다


5
노동자에게 임금은
자신이 버티며 얻어낸 딱 그 정도
수프와 빵, 소란을 피울
싸구려 와인을 지불할 정도

조국은 묻지 않지,
무엇이 문제를 쌓이게 하는지
그리고 왜 노동자 보호가 아닌
지주의 산업을 돕는지

카르텔이 뭔지 모르는 여공은
달콤한 디저트를 꿈꾸지
토요일 급여날이 오면

벌금을 빼고 쥐어지는 돈,
짤랑이는 동전, 이걸 벌려고 일했군
딱 아무것도 아닌걸

6
가난한 사람이 두려워 떠는 부자
부자를 두려워하는 가난한 사람
우리를 이리저리 맞추는 것은
홀리는 희망이 아닌 간계한 두려움

농민의 빵을 씹는 사람은
농민에게 권리를 주지 않고
짚단처럼 노랗게 되는 일꾼들은
요구를 서두르지 않는다

천 년이 지나서야,
민족의 아들은 등에 작은 가방을 지고
천민을 벗어난다

어떻게 하사관이 될 수 있나, 뒤지고 다닌다
아버지가 묻힌 무덤을 찾아
매질이라도 해야 할 판에


7
그럼에도 헝가리인으로 유배된
내 영혼은 비명을 지르며 소스라칩니다
사랑하는 조국이여, 가슴에 나를 받아주오!
당신의 충성스런 아들이 될 수 있도록!

곰 사슬에 묶여 종종걸음 치라니,
나로서는 도져히 할 수 없는 일!
나는 시인입니다 당신의 검사에게 전해주세요
내 펜을 뺏지 말라고!

당신은 농민들을 바다에 주었지요
인간에게 인간다움을 주세요,
헝가리인에게 헝가리의 정신을 주세요,

우리가 독일의 식민지가 되지 않도록,
내가 아름답고 참다운 것을 쓸 수 있도록,
더 행복한 노래를 주세요!

1937년 5월

## 나를 알고 사랑하는 사람만

나를 알고 사랑하는 사람만
내 시를 읽으세요
허무를 항해하며, 예언자처럼
무슨 일이 일어날지 알죠

꿈속에선 고요가
사람 모습으로 나타나고,
심장 속에선 호랑이와 온순한 사슴이
가끔 시간을 보내죠

1937년 6월

## 용서가 없다는 걸 너는 알고 있지


용서가 없다는 걸 너는 알고 있지
슬퍼해도 소용없다는 걸
되고 싶었던 사람이 되면 돼, 사나이!
네 두에 풀이 자라겠지

죄는 더 가벼워지지 않아
눈물을 흘려도 소용없어
네 자신이 그 증거이니,
적어드 그건 감사해

탓하지 말고, 다짐하지 말고
스스토에게 심술부리지 말고,
종속도지도, 지배하지도 말고,
군중에 합류하지 말아

잉여로 남아,
비밀들을 엿보지 말고,
너도 인간이니
이 인류를 경멸하지 말아

기억해, 탄식을 토하던
헛되이 애원하던 너를

자신의 진실을 밝히는 재판에서
거짓을 증언하였던 너를

쓰러졌을 땐 아버지를,
신이 없을 땐, 사람을 불렀지
정신분석에서는
타락한 아이를 발견했지

넌 가볍게 하는 말들을,
월급쟁이 후원자들을 믿었어
잘 봐, 절대, 절대 아무도
네게 착하다고 하지 않았어

사람들은 속였고, 그렇게 널 사랑했지만
너는 속이고, 이렇게는 사랑할 수 없어
그렇다면 이제 장전된 무기를
네 빈 가슴에 가져다 대야겠지

아니면 모든 이론을 던져버리고
여전히 진실한 사랑을 바라던지,
개처럼, 자신을 믿어주는 사람을
너도 믿으면 될 테니까

1937년 6월

희고 가벼운 옷을 입고


이그노투스 팔*에게

먹는 것이 아닌 것도
모두 씹고 뱉어보았다
스스로 알게 됐다 좋은 것이 무엇인지,
내 위에 비누 거품이 있나 하늘이 있나
마찬가지라는 것을

나는 안다, 어른 아이처럼,
놀 수 있는 사람만 행복하다는 것을
나는 놀이를 많이 안다
진실은 흘러가고
거짓은 남으니까

내가 이렇게 가난하게 사는 한,
부자들은 날 사랑하지 않겠지
가난한 이들도 내게 관심이 없다
사랑하는 것을 부끄러워하는 곳에서
나는 위로가 되고 싶지 않다

* 작가, 편집자. 요제프 어틸러의 잡지라고 불리는
『아름다운 말』을 발행했다.

내 사랑을 만들리라…
천체 위에 발을 딛고
신들에 맞서려 길을 떠난다
내 심장은 떨지 않는다
희고 가벼운 옷을 입고

1937년 6월

## 그림자들

그림자들이 늘어지고,
별들이 불을 밝히고,
불꽃이 타올라요
우주 속의 천체처럼,
무너트릴 수 없는 질서에 따라
내 영혼 속 당신의 그리움이 선회합니다

바다처럼 출렁이는 밤,
강렬한 풀 냄새가
숨 막히게 가슴을 조여요
날 이 밑에서 꺼내주세요,
쾌락을 붙잡아요, 당신 눈의 그물을
내 안 깊이 던지세요

1937년 6월

## 언젠가

언젠가 날 맞으러 오겠지,
날 낳고, 노래하며 돌봐주었던 죽은 사람이
내 가슴 사랑도 사라지고,
신념도 비켜 가겠지
노래들은 침묵 속으로 돌아오고
정신은 우주처럼 팽창하겠지
세상의 이면 같은
존재의 인내, 내 안에 영혼은
얼마나 허무한 것인지 밝혀지겠지,
좀먹은 옷감처럼
나의 육신은 허물어지겠지
언젠가 날 거두러 오겠지,
날 낳고, 노래하며 돌봐주었던 죽은 사람이

1937년 6월

## '시인과 시대'

허트버니 베르털런*에게

자, 여기 내 시가 있다
이것이 두 번째 행
강하게 K로 울린다**
제목은 '시인과 시대'
무언가의 먼지라도 되는 듯,
그렇지
무無가 시 안에 날린다…

무가 시 안에 늘린다
무언가처럼,
확장하는 우주 속에 진동하며
미래로 나아가는
'세상'처럼
나뭇잎, 바다의 쏴쏴 소리,
밤에 개들 짖는 소리…

* 헝가리 귀족 출신의 작가로 『아름다운 말』 창단 멤버.
** 이 시의 제목은 'Költőnk és kora', 첫 글자가 K로 시작된다.

나는 의자 위에, 시는 땅 위에,
그리고 지구는 태양 아래 있다
감옥인 태양계는
천체들과 함께 나아간다
우주가 무無로,
반대로, 내 안에는
바로 이 생각이…

내 정신은 허공,
그 어머니, 거대한 우주에 날아오르려 한다
날아오를 기구에 바구니를 묶듯,
내 육신에 잡아 묶는다
이것은 현실도, 꿈도 아닌 것,
이것은 바로 나의 승화
나의 본능…

오라, 나의 친구여, 와서 주위를 보라
너는 이 세상에서 일을 하고
네 안에서 공감이 일을 한다
거짓말도 소용없는 일
그것도, 이것도 이제 그만 내버려두고,
이 밤빛이 어두워지는 것을
바라보라…

붉은 피에 잠긴 추수 끝낸 들녘은
언덕이 드리워질 때까지,

푸르게 응고한다 작고 여린
잔디는 울다 고개를 숙인다
행노의 언덕 위엔 시반들이
부드럽게 나와 앉는다
땅거미가 진다

1937년 9월

# 무엇을 믿고 있는가

무엇을 믿고 있는가 고집 센 천체들이여,
어떻게 활활 타오르는 불꽃들이
서로 부딪치지 않고,
조심스럽게 서로를 피해 가는가?

사랑일까? 아니면 평화와 진실이
너희 고삐를 잡아당기고 있는가,
아니면 허공 속을 노려보는,
가늘게 깜빡거리는 교활함?

중력?… 내 등불 속으로
밤나방이 파닥이고,
슬픔이 벽에서 몸부림친다 나의 기억은
사랑하는 사람이 멀리 있어 두려워한다

1937년 9월

## 신은 여기 내 등 뒤에 서 있었고

신은 여기 내 등 뒤에 서 있었고,
난 그를 찾아 온 세상을 돌아다녔죠
……………………………
…… ……………………

나는 두 손, 두 발로 기었죠, 서 있는 나의 하느님은
나를 내려다보고 들어 올리지 않았어요
이 자유가 내 안에서 깨닫게 하였죠
두 다리로 일어설 힘이 생기리라

도울 수 없음으로서, 그렇게 날 도왔죠
불일 수 있었지만, 재일 수는 없었죠
진실의 수만큼, 그만큼의 사랑
여기 나를 홀로 버림으로써 그는 나와 함께해요

나의 온체는 약해요, 두려움이여 지켜주소서!
그러나 나는 미소 지으며 나의 짝을 기다려요
텅 빈 으주 속 비틀대는 세상에
지금 신념이 나와 함께 있으니

1937년 10월

# 내가 졌어요

내가 졌어요, (승리가 있다면요)
하지만 항복할 누군가가 없군요
나무에서 떨어진 과일처럼,
모든 다른 세상에서 나는 떨어져버렸어요

학식 있는 의사들은 날 찔러대고, 보호해요
사람들이 내게 글도 보내죠, 그럼 읽고요
그리고 '일해요', 여기 봐요, 종이 더미를
평화로움은 작동하고 있어요

나는 짐승일 거예요, 부끄러움도 없는,
나를 가지고 노는 당신들이 없다면요
당신들 사이에서 나는 바보가 되었고, 나는 유한하죠
인간인 나, 그래서 우스운 나

1937년 10월

## 아마도 나는 갑자기 사라질 거예요◆

아마도 나는 갑자기 사라질 거예요
숲에 야생 동물의 흔적처럼
내가 설명해야 할 것들을
나는 모두 탕진해버렸어요

꽃봉오리 같은 어린 나의 몸을
눈 매운 연기에 말렸어요
어떤 결과에 닿았는지 알게 된다면,
슬픔이 내 정신을 갈기갈기 찢을 거예요

낯선 곳에서 길을 잃었던 열망이
일찍이 나를 이빨로 끊었지요
지금은 떨리는 후회가 나를 휘감아요
십 년을 더 기다렸어도 좋았겠지만

나는 반항심 때문에라도
엄마 말을 이해하려 하지 않았어요
그 뒤 고아가 되었죠, 비정한,
그리고 선생님을 크게 비웃었어요

나의 젊음, 이 푸른 황무지를
나는 자수라고, 영원이라고 믿었어요

이제야 나는 눈물 흘리며
마른 가지들의 떨림에 귀 기울여요

1937년 11월

# 당신은 지팡이를 들고 왔지요◆

당신은 지팡이를 들고 왔지요, 꽃이 아니라,
저 세상에 말대꾸를 하고,
엄마에게 커다란 금보따리를 약속해놓고,
그런 당신은 지금 여기 앉아 있군요

나무 밑동에 디치광이버섯처럼,
(당신을 돌보는 사람은 이렇게 생각하죠)
일곱 개 탑 요새*에 갇혀 당신은
이제 절대 도망치지 못해요

젖니로 돌은 왜 깨물었나요?
뒤처질 걸 왜 서둘렀나요?
왜 밤에 꿈꾸지 않았나요?
말해봐요, 결국 뭐가 필요했던 건가요?

당신은 항상 벗어버리고,
상처를 항상 들어댔지요
유명해졌군요, 이것을 원했다면요

* 헝가리의 작가이자 언론인 가르도니 게저의 소설
『에게르의 별(Egér csillag)』에 나오는 요새. 주인
공이 갇혀서 절대 빠져나오지 못하는 감옥이다.

세상이 영원할 것 같던가요? 바보 같은 사람,

사랑했나요? 누가 당신을 받아주던가요?
숨었었나요? 도대체 누가 쫓던가요?
이길 수 있다면, 그래 과거를 이겨봐요,
당신은 칼도, 빵도 없어요

일곱 개 탑 요새에 갇혀 있는 당신
땔나무를 구하면 기뻐하세요
여기 푹신한 베개가 있으니 기뻐하세요
머리를 잘 눕히세요

1937년 11월

## 자, 여기 나의 조국을 찾았노라

자, 여기 나의 조국을 찾았노라
날 묻어준다면
그 위에 내 이름을 정확하게
적어줄 땅을

이 땅은 헌금함처럼 나를 품으리
쓸모없어진 (얼마나 안타까운가!)
전쟁에서 남은
이십 필레르짜리 쇠 동전을,

새로운 세상, 곤리, 땅, 이런 아름다운 말이
새겨진 쓸모없는 쇠반지를 품듯
우리의 법은 아직도 전쟁 중이고,
금반지들이 더 아름답다

오랫동안 나는 혼자였다
곧 많은 이들이 다가와서는
당신은 혼자에요라고 말했다
나는 기꺼이 그들과 함께 행복했을 것이다

이렇게 살았고, 헛되이 있었노라고
나 자신을 평할 수 있다

사람들은 날 미치광이로 취급했고
이제 내 죽음도 아무 소용이 없다

살아온 동안, 나는 회오리 속에서
중심을 잡으려 노력했다
웃긴 건, 당신들이 내게 저지른 잘못보다
내 잘못이 더 크지 않다는 것이다

봄은 아름답고, 여름도 아름답지만
가을은 더 아름답고, 겨울은 가장 아름답다
화덕, 가족, 이런 것을 그저
다른 사람들에게나 바라는 사람에게는

1937년 11월

## 사랑하는 나의 친구들이여◆

미친 나를 아직도 기억해주는, 사랑하는 나의 친구들이여,
나는 지금 그대들에게 편지를 쓰네
내 안에 천천히, 거의 녹을 줄 모르는 슬픔이
11월의 저녁 한기에 섞여 있기에
몸을 녹이려 다가앉은 화덕 옆에서 나는 그대들을 추억하네
큰 소리로 비웃지만 말고 거기서 그대들도 기억해주길,
그대들 속에 살았고, 한때, 그대들이 사랑했던 나를

1937년 11월

## 자신에게 입이 말한다◆


자신에게 입이 말한다
생각에서 걱정이 인다

물론 윤리가 온 힘을 다한다
나의 내장들이 쥐어짠다
내 장 속에서 바보짓을 하지 말라
내 가슴 안에서 두드리지 말라
콩 모양의 콩팥을 끄집어내지 말라

내 다리가 풀리게 하지 말라
내 사지를 찢지 말라
내 팔을 뒤틀지 말라
내 주름 속에 주름은 숨지 말라

내 위산을 잿물로 만들지 말라
내 말을 괴롭히지 말라
……………………………

내 주름에 경련을 일으키지 말라, 내 주름에 숨지 말라
내 목을 막히게 하지 말라
내 발걸음에 눕지 말라
내 사진에 소리 지르지 말라

내 척추를 눌러 부수지 말라
내 곱슬머리를 잡아당기지 말라

................... ....................

내가 타오르듯, 불꽃이 인다
발끝에서 하늘까지

내 갈비뼈를 열지 말라

끓인 돌의 철토 된 배설물이
넘쳐흐른다

1937년 11월

# 자기소개서                                           Curriculum vitae

저는 1905년 부다페스트에서 태어났으며 종교는 그리스 정교입니다. 아버지는 제가 세 살 때 가출했고, 저는 전국아동보호 프로그램으로 외최드Öcsöd의 양부모님에게 보내졌습니다. 그곳에서 일곱 살 때까지 살았는데, 시골 가난한 아이들이 그러하듯 그때 벌써 돼지치기 같은 일을 했습니다. 일곱 살에 어머니가 저를 부다페스트로 다시 데려와 소학교 2학년에 입학시켰습니다. 어머니는 빨래와 청소를 해서 저와 두 누이를 키웠습니다. 어머니는 아침부터 저녁까지 여러 집으로 일을 다녔고, 저는 부모님의 보살핌을 받지 못하고 학교에 잘 다니지 않았습니다. 말썽꾸러기였죠. 하지만 3학년 읽기 책에서 어틸러 왕에 대한 흥미로운 이야기를 발견하고 나서 독서에 빠져들게 되었습니다. 훈족 왕의 이야기에 끌렸던 것은 꼭 제 이름이 어틸러라서가 아니라, 외최드에서 양부모님이 저를 '피슈터'라고 불렀기 때문이기도 했습니다. 이름을 두고 양부모님은 이웃들과 의논한 끝에 제가 듣는 앞에서 "어틸러라는 이름은 없다!"고 단언했습니다. 너무 큰 충격이었어요. 제 존재가 회의에 빠졌다고 느꼈습니다. 어틸러 왕에 대한 이야기를 발견한 것은 이후 제 모든 노력에 결정적 영향을 주었고, 결국에는 저를 문학으로 이끌었다고 생각합니다. 저를 생각하는 사람, 남의 의견에 귀 기울이지만 스스로 점검하는 사람이 되도록 이끌었습니다. 어틸러라는 이름으로 불려야 한다는 자신의 생각이 증명될 때까지 피슈터라는 이름에 따르는 사람 말입니다.

아홉 살에 세계대전이 일어났고, 우리 집 형편은 점점 더 어려워졌습니다. 저는 상점 앞에서 줄서기를 했습니다. 밤 아홉 시부터 식료품가게 앞에 줄을 서서 겨우 차례가 다 되어가는 아침 일곱 시 반, 그들은 제 코앞에서 "기름 품절!"이라고 외쳤습니다. 저는 닥치는 대로 어머니를 도왔습니다. 빌라그 극장에서 물을 팔고, 집에 쓸 땔감을 구하기 위해 페렌츠바로시 기차역에서 나무나 석탄을 훔치고, 색종이로 바람개비를 만들어 더 잘 사는 아이들에게 팔고, 시장에서는 바구니나 짐 나르는 일 등등…. 1918년 여름에는 카로이 왕의 아동여름휴가 프로그램 덕분에 어바지아에서 보냈습니다. 이미 병약했던 어머니가 자궁암에 걸리자 저는 스스로 아동보호 프로그램에 지원했고, 잠시 모노르라는 마을로 보내졌습니다. 저는 부다페스트에 돌아와 신문을 팔았고, 우표를 팔다가, 곧 작은 은행가처럼 파랗고 하얀 우편 요금을 취급했습니다. 루마니아 강점기에는 엠케 커피숍에서 빵 보이를 했고, 소학교 5년을 마친 뒤에는 시민학교에 다녔습니다.

1919년 크리스마스에 어머니가 돌아가셨습니다. 고아보호국에서는 제 후견인으로 지금은 돌아가신 매형, 머커이 외된을 지명했습니다. 봄과 여름 한 철 동안 아틀란티카 해양 조선 주식회사의 폭풍, 터키, 터타르라는 이름의 증기예인선에서 일했습니다. 이때, 독학으로 시민학교 4학년 과정 시험을 봤습니다. 이후에 제 후견인과 기에스비-인 샨도르 박사님은 저를 네르게시우이펄루의 살레시오회 신학생으로 보냈습니다. 제 종교는 가톨릭이 아니라 그리스정교였기 때문에, 여기서는 단 이 주 동안 있었습니다. 그곳에서 머코로 보내져 뎀케 기숙학교에서 얼마간 숙소를 무료로 제공받았습니다. 여름엔 숙소와 식사를 해결하기 위해 메죄헤지에서 개인 교습을 했습니다. 사춘기 혼란을 겪으며 몇 번이나 자살을 시도했습니다. 그때도 그전에도 제 곁에서 깨달음을 주는 친구가 정말 아무도 없었기 때문입니다. 그럼에도 김나지움 6학년 전 과정을 최고 성적으로 마쳤습니다. 그때 벌써 제 첫 시가 발표되었는데, 열일곱 살에 쓴 시들은 『뉴거트 Nyugat』에 실렸습니다. 사람들은 저를 신동이라고 했지만 저는 고아였을 뿐이었습니다.

  6학년을 수료하고 나서 저는 김나지움과 기숙학교를 떠났습니다. 외로움 속에서 너무나 무기력감을 느꼈기 때문입니다. 선생님들의 설명만 들어도 다 알았기 때문에 공부를 하지 않았습니다. 이건 제 우수한 성적표가 증명합니다. 옥수수밭지기나 밭에서 날품팔이 일을 하기 위해 키솜보르에 갔다가 가정교사 자리를 잡았습니다. 하지만 제게 정말 친절하셨던 두 선생님의 권유로 고등학교 졸업시험을 보기로 결심 했습니다. 7학년과 8학년 과정 통합시험을 치고 동급생들보다 일 년 먼저 학교를 마치게 되었습니다. 시험을 준비한 기간은 삼 개월뿐이었지만 7학년에서는 전 과목 '우수', 8학년 과정에서는 '충분'을 받았습니다. 졸업시험 성적은 8학년 시험 결과보다 더 좋았는데, 헝가리어와 역사 과목에서만 '충분'을 받았습니다. 그 당시 저는 저의 어떤 시 하나 때문에 신성모독의 죄명으로 고소된 상황이었지만, 대법원에서 무죄 선고를 받았습니다.

이후에 한동안 저는 부다페스트에서 책 외판원으로 일했고, 인플레이션이 심해지자 마우트네 같은 민간은행 사무원이 되었습니다. 힌츠 시스템이 도입된 뒤에는 회계부로 옮겨졌고, 얼마 되지 않아 증권 결제일에 어떤 채권을 발행하는지 감시하는 일을 맡게 되자 연장자 동료들의 눈 밖에 나게 되었습니다. 제 일 외에도 연장자 동료들이 제게 떠넘긴 일 때문에 열심히 하려던 저는 의욕을 상실했습니다. 그들은 잡지에 실린 시를 보고 제 기분을 상하게 하려고 "그 나이 때는 나도 시 좀 썼지"라며 빈정거리는 것도 잊지 않았습니다. 이 은행은 얼마 뒤에 망했습니다.

결국 저는 작가가 되기로, 그리고 문학과 밀접한 관련이 있는 그런 직업을 갖기로 결심했습니다. 세게드대학의 헝가리-프랑스-철학과에 등록했고, 매주 52시간 수강하면서 그 중에 20시간은 최고 성적을 받았습니다. 여기저기서 끼니를 때우고 시 원고료로 집세를 냈습니다. 다시 러요시 교수님이 제가 독자적 연구를 할 만한 능력이 있다며 저를 북돋 아주셨습니다. 하지만 이런 제 자긍심을 사라지게 하는 일이 있었습니다. 헝가리 어학 시험을 치러야 했는데, 담당 교수님이셨던 호르게르 언털 교수님은 두 증인(지금도 그들의 이름을 기억하는데, 그들은 지금 선생님이 되었죠) 앞에서 본인이 살아 있는 한 제가 중학교 선생님이 되는 일은 결코 없을 거라고 단언하셨습니다. 말씀하시길 '이런 시를 쓰는 사람에게 (교수님은 제 앞에 『세게드』 잡지를 펴 보이셨습니다) 미래 세대의 교육을 맡길 수 없다'는 것이 이유였습니다. 사람들은 인생이 정말 아이러니하다고 자주 말하는데, 이번이 정말 그런 경우였습니다. 「진심으로」라는 제 시는 정말 유명해졌고, 그에 대해 논평이 일곱 개나 나왔습니다. 허트버니 러요시는 이 시가 '후대에' 전쟁 이후 전체 세대의 기록물로 남을 것이라고 여러 차례 밝혔습니다. 그리고 이그노투스는 '이 아름다운 시'를 '마음속에서 매우 소중히 쓰다듬고, 중얼거리고, 속삭였다'라고 『뉴거트』에 실었고, 새로운 시작詩作의 예르 『시론 Ars Poetica』에 실었습니다.

다음 허, 저는 스무 살의 나이에 빈으로 가서 대학에 등록했습니다. 그리고 라타우스 켈레 식당 입구에서 신문을 팔고, 빈 헝가리 아카데미 회원들의 소재지를 청소하는 일로 생계를 이어갔습니다. 이런 사정을 알게 된 라반 언털 회장님께서는 제가 하던 일을 그만두게 하고는 헝가리 콜리기움에서 점심을 제공해주시고 가르칠 학생들을 소개해주셨습니다. 이렇게 해서 영국-오스트리아 은행 총재로 계신 허이두

졸탄이라는 분의 두 아들을 가르치게 되었습니다. 저는 넉 달 동안 홑이불 한 장 없는 가난한 생활을 하던 빈에서 곧장 허트번에 있는 허트버니 성에 손님으로 가게 되었습니다. 여름이 끝나갈 무렵엔 그 집 안주인 히르시 알베르트 부인께서 경비를 부담해주신 덕분에 파리로 여행을 갈 수 있었고, 그곳에서 소르본대학에 등록했습니다. 여름은 남부 프랑스의 고기잡이 마을 해변에서 보냈습니다.

그 후에 저는 페스트로 돌아와 페스트의 대학에서 두 학기를 청강했습니다. 그러나 호르게르 언털 교수님의 협박이 떠올라 사범시험은 치르지 않았습니다. 어차피 교직을 얻지 못하리라 생각했기 때문입니다. 무역 연구소가 막 문을 열었을 때, 저는 헝가리어-프랑스어 통신인으로 취업이 되었습니다. 업무 경력에 대해서는 당시 상사였던 코로디 샨도르 씨께서 기꺼이 증언해주실 겁니다. 하지만 이때 예기치 못한 일이 닥쳤습니다. 그렇게도 인생이 저를 연마시켰건만, 전 견디지 못했습니다. 사회보장공단은 저를 먼저 신경쇠약으로 요양소로 보낸 뒤 질병수당을 받도록 조치했습니다. 초창기에 있는 연구소에 짐이 되어서는 안 되겠다고 생각한 저는 직장을 그만두었습니다. 그 뒤로는 글을 써서 생계를 이어가고 있습니다. 저는 지금 문예지 『아름다운 말Szép Szó』의 편집장입니다. 모국어인 헝가리어 외에 불어와 독일어를 읽고 씁니다. 헝가리어와 불어로는 서신 작성이 가능하고 타자를 완벽히 칩니다. 속기도 쓸 줄 알았는데 한 달가량만 연습한다면 다시 잘할 수 있습니다. 출판 인쇄 기술에 대한 지식이 있으며 정확하게 작문할 수 있습니다. 스스로 정직하며 이해력이 빠르고 일에 끈기가 있다고 생각합니다.

1937년 2월
요저프 어틸러

**작가 연보**

1905년　4월 11일 노동자 거주지역인 부다페스트 8구역에서 비누제조공이었던 아버지 요제프 아론(József Áron)과 어머니 푀쳬 보르발러(Pőcze Borbála)의 막내아들로 태어남. 위로 욜란, 에텔, 두 누나를 둠.

1908년　아버지 가출. 가족들은 미국에 돈을 벌러 갔다고 믿었으나 루마니아에 정착하여 새로운 가정을 꾸린 것으로 밝혀짐.

1910년　아동보호연맹(A Gyermekvédő Liga)의 도움으로 외최드(Öcsöd)의 양부모에게 맡겨짐.

1912년　페스트로 들아와 가족들과 다시 함께 살게 됨.

1919년　어머니 사망. 첫째 누나 욜란의 남편, 변호사 머커이 외된이 남은 두 아이의 후견인이 됨.

1920년　헝가리 남동부의 대학 도시인 세게드(Szeged)와 인접한 머코(Makó)에서 기숙학교 김나지움을 다니기 시작.

1922년　저명한 문예지 『뉴거트(Nyugat)』의 1세대 작가 유하스 줄러(Juhász Gyula)의 도움으로 첫 시집 『아름다움의 걸인(Szépség koldusa)』 출간.

1924년   9월 세게드대학 헝가리-프랑스-철학과에 입학. 두 번째 시집 『내가 소리치는 것이 아니다(Nem én kiáltok)』 출간.

1925년   3월 25일 『세게드(Szeged)』에 「진심으로(Tiszta szívvel)」가 발표되며 커다란 센세이션을 일으키고 헝가리 문단에 샛별로 떠오름. 그러나 도발적인 시어들 때문에 보수 진영에서 크게 반발함. 다음 해에 『뉴거트』에도 실림. 세게드대학을 그만둠. 빈으로 가서 11월부터 대학을 다님.

1926년   9월 파리에 도착. 11월부터 소르본대학에 다님. 빈 생활에 이어 파리에서도 가난하고 빈곤한 삶 속에서도 새로운 사상과 학문을 접함.

1927년   귀국. 두 학기 동안 부다페스트대학에 다님.

1928년   첫사랑 바고 마르터(Vágó Márta)를 만남.

1929년   바고 마르터는 영국으로 유학. 바고 마르터 아버지의 주선으로 헝가리 대외무역연구소에 취업. 첫 번째 신경증 발작으로 직장을 그만둠. 바고 마르터와 사랑은 먼 거리와 현실적 상황으로 이루어지지 못함. 농민의 사회적 지위와 문화에 관심을 둔 버르터 미클로시 협회(Bartha Miklós Társaság)에서 활동.

2월 세 번째 시집 『아버지도 없고, 어머니도 없다(Nincsen apám, se anyám)』 출간. 바움가르텐 문학상을 수상하지 못한 것에 대한 서운함으로 『뉴거트』의 편집장 버비츠 미하이를 겨냥한 모욕적 비평을 써서 관계가 틀어짐.

1930년   가을, 불법이었던 공산당에 입당. 노동운동과 공산주의 활동에서 만난 산토 유디트(Szántó Judit)와 동거 시작.

|        | 우익 성향으로 기우는 버르터 미클로시 협회에서 탈퇴. |
|--------|---|
| 1931년 | 3월 네 번째 시집 『울지 말고, 자본을 내리찍어라(Döntsd a tőkét, ne siránkozz)』 출간. 심리학자 라파포르트 셔무(Rapapɔort Samu)와 만나면서 정신분석과 인연을 맺음. |
| 1932년 | 2월 다시 좌파로 기우는 버르터 미클로시 협회에 재가입. 7월 부다페스트 경찰은 불법 헝가리 공산당 지도부를 체포하지만 완전히 해체되지 않음. 10월 다섯 번째 시집 『도시 외곽의 밤(Külvárosi éj)』 출간. |
| 1933년 | 봄 릴러퓨레드에 있었던 작가 초청 행사에서 알게 된 예술사학자 마르톤 마르터(Márton Márta)에게 영감을 얻어 사랑시 「송가(Óda)」를 완성.<br>버비츠 미하이에게 사과하는 시 「자신을 가책하는(Magad emésztő)」을 썼지만 사후에 발견. |
| 1934년 | 연초에 자신의 대표 시 「자각(Eszmélet)」을 완성. 6월 소비에트 작가회의에 경쟁하던 작가 이예시 줄러(Illyés Gyula)와 너지 러요시(Nagy Lajos)가 초대되자 크게 실망함. 스탈린 문화정치와 맞섬. 가을, 정신분석학 의사 죔뢰이 에디트(Gyömrői Edit)를 만남. 12월 여섯 번째 시집 『곰 춤(Medvetánc)』 출간. |
| 1935년 | 1월 바움가르텐 '작은 상' 수상. |
| 1936년 | 1월 다시 바움가르텐 '작은 상' 수상. 2월 이그노투스 팔(Ignotus Pál)과 잡지 『아름다운 말(Szép Szó)』 창간. 요제프 어틸러가 편집장이 됨. 12월 전국 헝가리 민요를 수집한 음악가 버르톡 빌라(Bartók Béla)를 알게 됨. 크리스마스에 일곱 번째이자 마지막 시집이 된 『너무 아프다(Nagyon fáj)』 출간. |

환자와 의사 관계였던 쵤뢰이 에디트와 신뢰와 이해를 쌓은 요제프 어틸러는 봄부터 일방적 사랑에 빠짐. 자신의 고백이 받아들여지지 않자 요제프 어틸러가 칼을 들고 난동을 일으킴. 정신적으로나 신체적으로 매우 약해져 있었던 요제프 어틸러는 쵤뢰이 에디트의 약혼자에게 가볍게 제압당함. 연말에 정신요양원에 입원.

1937년  1월 『아름다운 말』의 초청으로 대문호 토마스 만이 헝가리를 방문하자 환영시 「토마스 만 환영사(Thomas Mann üdvözlése)」를 지어 헌사. 시의 마지막 행을 문제삼아 내무부에서 시의 출판을 금지시킴.

2월 네메트 언도르(Németh Andor)와 벌인 시와 비평의 관계에 대한 공개 논쟁 후 「시학(Ars poetica)」을 발표.

2월 20일 요제프 어틸러의 심리치료사로 코즈무쳐 플로러(Kozmutza Flóra)를 만남. 담당 의사와 또다시 사랑에 빠짐. 요제프 어틸러 사후 플로러는 동료 작가였던 이에시 줄러의 부인이 됨.

2월 헝가리 종이산업(Magyar Papíripari Rt.)에 사무직을 구하기 위해 자기소개서를 작성, 채용되지는 못함. 요제프 어틸러 사후『아름다운 말』에 게재됨.

7월 마지막 정신병 발작으로 시에스타 요양원에 입원.

11월 4일 퇴원 뒤 누나 욜란의 가족이 있는 벌러톤사르소(Balatonszárszó)에서 지냄.

12월 2일 친구들이 페스트에서 벌러톤사르소로 방문. 즐겁게 이별.

12월 3일 어머니의 기일 저녁 기차역에서 사망.

**작품 해설**

# 헝가리 현대문학의 고전 요제프 어틸러

  헝가리 문학의 대표 시인으로 추앙받는 요제프 어틸러 József Attila(1905-1937)는 단연 헝가리 전체 문학사를 통틀어 헝가리인들이 가장 많이 읽는 시인, 학자들이 가장 많이 연구한 시인, 헝가리 문학사에 가장 큰 영향을 미친 시인이 분명하다. 헝가리 문학 평론가 헤게뒤시 기저Hegedüs Géza가 "우리 문학에서 그때까지 존재했던 모든 것은 요제프 어틸러에 녹아들었고, 그 이후에 생겨난 모든 것은 그와 함께 시작되었다"라고 평가했듯이 요제프 어틸러의 작품은 전통과 현대, 헝가리와 유럽의 사조를 모두 아우르는 광범위한 형식과 철학, 이념, 세계관을 품어 자신의 작품세계로 승화시키고 계승했다. 헝가리 현대작가 중 그의 영향을 받지 않은 작가는 아무도 없다고 할 정도로 탁월했던 그의 문학적 업적을 기리기 위해 일찍이 헝가리에서는 요제프 어틸러 문학상을 제정하여 뛰어난 작가들을 발굴하는 한편 그의 생일 4월 11일을 '문학의 날Költészet napja'로 지정하여 매년 기념하고 있다.

요제프 어틸러의 위대함은 그가 20세기 초에 태어난 비교적 현대 시인임에도 21세기 현재까지 끊임없이, 그리고 점점 더 많은 사랑과 관심을 받고 있다는 것이다. 평생을 요제프 어틸러 시 연구에 헌신한 헝가리 문학사가 트베르도터 죄르지는 요제프 어틸러 작품을 '현대의 고전'이라고 명명했는데, 여기서 고전이란 보통 유럽 문학에서 주로 이해하는 '그리스 로마 시대의 고전주의 작품'이 아니라, '오랜 시간이 지나도 시대를 거스르며 계속 재평가되는 뛰어난 작품'이라는 뜻이다. 요제프 어틸러는 1937년 서른둘의 나이로 요절했지만, 그의 작품들은 양차 세계대전, 공산주의 시대, 체제 전환 이후 자유민주주의 시대, 그리고 이념의 전환과는 또 다른 차원의 디지털 세상을 열고 있는 21세기를 맞이하면서 민족주의 시인, 프롤레타리아 시인, 프로이트 정신분석을 노래한 시인, 실존주의철학 시인, 농촌, 도시, 가난, 소외, 신, 사랑, 아이, 엄마 등 이 모든 것을 노래한 대표 시인으로 언급되었고, 급변하는 현대의 주류 문학의 테마에서 한 번도 외면받은 적이 없었다. 아이러니한 것은 많은 천재 예술가들의 비극적 삶이 그러했듯이, 요제프 어틸러 또한 생전에는 단 한 번도 제대로 인정받지 못했다.

요제프 어틸러는 1905년 부다페스트의 빈민가 페렌츠바로시Ferencváros의 가난한 노동자 가정에서 태어났다. 근대적이고 세련된 도시로 빠르게 성장하던 부다페스트에는 지방에서 일자리를 잃고 새로운 일을 찾아 도시로 상경하는 가난한 젊은이들로 가득했다. 비누제조공이었던 아버지와 세탁일을 하던 어머니가 가정을 꾸린 페렌츠바로시는 가난한 도시 노동자들이 정착할 수 있도록 기획된 구역이었다. 그는 이 노동자 부부의 여섯 번째 아이로 태어났지만, 세 아이가 영아기에 죽었기 때문에 위에 두 명의 누나 욜란, 에텔을 두게 되었다. 아들을 기다렸던 부모는 무척 기뻐했고, 아이가 커서 세상에 이름을 널리 알리라는 뜻으로 '어틸러Attila'라는 이름을 지어주었다.(헝가리어에서 A는 '어' Á는 '아'로 읽는다) 이 이름은 5세기 유럽을 휩쓸던 훈족의 수장 아틸라의 이름을 따온 것이었는데, 기독교 국가였던 헝가리에서 이교도 수장의 이름을 붙여주는 것은 당시 아주 낯선 일이었다.

요제프 어틸러가 남긴 '자기소개서'에서는 양부모들이 동네 사람들과 상의한 뒤 "어틸러라는 이름은 없다"라고 단언한 사건에 대해 언급되는데, 실제로 양부모와 마을 사람들은 어틸러라는 이름을 들어본 적이 없었기 때문에 그를 헝가리에서 가장 흔했던 이름 이슈트반(헝가리에 기독교를 받아들인 성 이슈트반의 이름)의 애칭 '피슈터'라고 불렀다.

가난하지만 따뜻한 보살핌을 받으며 사랑하는 가족들과 행복하게 지낸 시간은 그리 오래가지 않았다. 요제프 어틸러가 세 살 때 아버지는 미국으로 돈을 벌러 간다는 말을 남기고 가출해버렸다. 홀로 남겨진 어머니는 어린 아이들을 데리고 남의 집 일을 하며 생계를 꾸려가는 게 여의치 않았고, 결국 형편이 나아질 때까지 가족들은 뿔뿔이 흩어져 지내야 했다. 어린 요제프 어틸러는 외최드라는 시골 지역의 양부모에게 맡겨졌다가 일곱 살 때, 다시 페렌츠바로시에 있는 어머니와 누나들 곁으로 돌아오게 된다. 양부모와 보냈던 시골 생활, 홀로 가정을 꾸리기 위해 밤낮없이 남의 집 일을 다녀야 했던 어머니, 빈민가 거리에서 조금이라도 생활에 보탬이 되기 위해 이것저것 닥치는 대로 일해야 했던 아이의 기억은 이후 요제프 어틸러의 시 세계에 반복적으로 등장한다.

1919년 겨울 어머니가 자궁암으로 세상을 뜨자, 열네 살의 나이에 완전히 고아가 된다. 그나마 다행스러운 일은 첫째 누나 욜란의 남편 머커이 외된Makai Ödön이 남겨진 두 남매의 후견인이 될 수 있었던 것이다. 아름답고 영리했던 욜란은 어머니가 돌아가시기 전 유대인 출신의 변호사와 결혼했는데, 그가 바로 머커이 외된이었다. 노동자 계층이었던 욜란과 중산층 시민 계급 변호사의 결혼은 당시에도 흔한 일은 아니었다. 머커이 외된은 욜란과 결혼하기 위해 가족과 등질 정도로 대범한 결정을 내렸지만, 자신의 신분까지 내려놓을 준비는 되어 있지 않았다. 그는 욜란이 귀부인처럼 보이길 바랐기 때문에 두 아이를 한 가족으로 받아들일 수 없었다. 에텔과 어틸러는 남들 앞에서 같은 집에 사는 언니이자 누나인 욜란을 '마님'이라고 부를 수밖에 없었다. 먼 친척으로 소개된 여동생 에텔은 허드렛일을 하며 그래도 가정부처럼 지낼 수 있었지만, 어틸러는 아니었다. 머커이 외된은 어틸러가 되도록 빨리 독립할 수 있는 길을 찾아 목회자 학교에 보내거나 아틀란티카 해양선 회사에 선원으로 보내지만, 요제프 어틸러는 모두 오래 견디지 못하고 되돌아왔다.

결국 머커이 외된은 요제프 어틸러의 뛰어난 학습 능력을 눈여겨보고 머코의 김나지움 기숙학교에 등록시킨다. 그는 요제프 어틸러가 계속 공부할 수 있도록 지원했지만 어틸러의 생활은 항상 궁핍했다. 시민 계층의 변호사였지만 가족과 등진 더커이 외된의 경제력은 그렇게 넉넉하지 않았고, 지원은 항상 최소한일 수밖에 없었다.

김나지움을 다니는 동안 그는 뛰어난 학업 성적을 거두었을 뿐 아니라 동아리 활동을 통해 시인이 되기 위한 준비를 할 수 있었다. 선생님들의 도움을 받아 전통 시학의 지식을 쌓을 수 있었고, 당시 이미 기성 시인으로 인정받았던 유하스 줄러Juhász Gyula와 친분을 맺을 수도 있었다. 유하스 줄러는 열일곱의 나이에 출간한 요제프 어틸러의 첫 시집 『아름다움의 걸인Szépség koldusa』(1922) 서문에서 '아직은 아주 젊은 이 시인의 커다란 재능과 미래'를 응원했다. 그는 정확했다. 형식적으로 겨우 완성도를 갖추고 주목받지는 못했던 초기 작품들 속에서 유하스 줄러는 요제프 어틸러의 재능을 읽어냈다. 초기 시에서 다루었던 가난한 사람들, 농촌 노동자들에 대한 애정과 휴머니티는 그의 시 세계가 완성된 후기에도 반복된다.

요제프 어틸러가 이름을 알리게 된 것은 세게드대학 재학 시절인 1925년 「진심으로Tiszta szívvel」를 발표하면서이다. 1차 세계대전에 패전하고 1920년 트리아농 조약으로 국토 3분의 2를 잃어버린 헝가리 사회는 커다란 상실감으로 민족적 위기를 겪고 있었다. 이 좌절의 시기를 맨몸으로 겪어야 하는 한 고아 젊은이의 절규를 담은 이 시는 당시 문단에 충격을 안겼다. 일 년 뒤 당시 최고 문예지로 서양西洋을 의미하는 『뉴거트Nyugat』에까지 실렸고 요제프 어틸러는 일약 천재 시인으로 주목받게 된다. 하지만 세게드대학의 저명한 언어학자였던 호르게르 언틸 교수는 중등교사의 꿈을 갖고 교직과목을 이수하던 요제프 어틸러에게 이 시의 비윤리적이고 과격한 표현을 문제 삼아 '이런 시를 쓰는 사람에게 미래 세대의 교육을 맡길 수 없다'고 경고한다. 이 경고를 퇴학 조치로 받아들인 요제프 어틸러는 낙담하여 학업을 중단한다.

이후 빈과 프랑스 소르본대학에서 유학을 하며 폭넓은 세계 철학과 문학사조들을 경험했다. 특히 마르크스, 헤겔, 레닌을 접하고 아나키스트 사상에 심취했다. 또한 유럽의 여러 작가들의 작품을 접하게 되는데, 특히 프랑수아 비용François Villon의 영향을 받아 번역을 하거나 직접 불어로 쓴 시를 잡지에 싣기도 했다. 1927년 부다페스트에 돌아온 이후 부다페스트에서 대학을 다니며 시민 진보주의와 자유주의 클럽에서 동시대 작가와 지식인 들과 친목을 다졌다. 첫사랑이었던 바고 마르터Vágó Márta와 만나게 된 것도 바로 이 시기였다. 시민 중산층 재력가 집안에 유대인 출신이며 인텔리였던 바고 마르터와의 만남은 그의 작품세계에 커다란 영향을 미쳤다. 그녀는 시인의 뮤즈이자 지적 동반자로 요제프 어틸러의 시작詩作에 풍부한 지식과 깊이를 더했다. 이들은 사랑에 빠졌고 결혼을 약속했지만, 바고 마르터의 부모님은 딸과 이 전도유망하지만 가난하기만 한 젊은 시인과의 결혼에

적극적이지 않았다. 둘의 결혼을 반대하지는 않았으나 현실성 있는 결혼 생활을 준비할 시간이 필요하다는 이유로 딸에게 일 년 동안 영국 유학을 권했고 요제프 어틸러에게는 월급을 받을 수 있는 직장을 알선했다. 이들의 사랑은 이 관문을 넘지 못하고 마침표를 찍었다. 두 번째 시집 이후 계속되던 침묵을 깨고 1929년 2월 세 번째 시집 『아버지도 없고, 어머니도 없다Nincsen apám, se anyám』가 출간되었다. 이 시집에는 유학하며 섭렵했던 유럽의 아방가르드풍의 시, 바고 마르터에 대한 사랑 시, 아나키스트의 영향을 받은 시들이 다수 수록되었다.

바고 마르터와의 결별은 요제프 어틸러에게 치유할 수 없는 상처를 남겼다. 처음으로 신경성 발작을 일으켜 정신병 치료를 받았고 직장도 그만두게 되었다. 그는 바고 마르터와 헤어진 이유가 계급 문제라고 생각했고 결별 이후 1930년 불법이었던 공산당에 입당한다. 이 무렵 공산당원 활동가 산토 유디트Szántó Júdit와 인연을 맺는다. 산토 유디트는 바고 마르터와는 다른 방식으로 요제프 어틸러를 지원했다. 그녀는 육체 노동으로 생계를 이어가며 요제프 어틸러가 유명한 프롤레타리아 시인이 되기를 원했다. 둘의 관계는 육 년 동안 지속됐지만 연인이라기보다 공산당의 이념을 지지하고 함께 활동하는, 가난을 함께 견디는 동지였다. 요제프 어틸러는 김나지움 학생 시절부터 진보적 지식인들과 교류했고 파리 유학시절에도 아나키스트 철학에 큰 영향을 받았다. 그가 부다페스트에서 맺었던 사상가 중에는 공산주의자도 있었지만 사회민주주의자도 많았다. 그가 본격적으로 공산당에 입당하여 활동한 시기, 헝가리에서는 좌파와 우파의 대립도 컸지만 공산주의와 사회민주주의 사이의 편 가르기도 심했다. 공산당은 프로파간다를 위한 재능 있는 젊은 시인이 필요했지만 요제프 어틸러는 공산당이 요구하는 규율에 순응하는 시인이 아니었다. 그보다는 자신의 의견을 거침없이 피력하며 논쟁하는 시인이었기 때문에 공산당과의 관계에서 여러 번의 비난과 반박, 재반박의 논쟁이 이어졌다.

1931년 3월 그의 네 번째 시집 『울지 말고, 자본을 내리찍어라Döntsd a tőkét, ne siránkozz』가 출간되었을 때, 요제프 어틸러는 우파와 좌파 양측의 비난을 감수해야 했다. 이 시집은 출간되자마자 부다페스트 왕실 검찰이 불법 공산당과의 관계에 대한 수사를 지시하여 압류되었고, 모스크바에서는 그가 '파시스트 진영에서 길을 찾고 있다'며 비난했다. 요제프 어틸러는 1920년대 말부터 농민의 사회적 지위와 문화에 관심을 둔 버르터 미클로시 협회Bartha Miklós Társaság에서 활동했었는데 이 협회는 여러 차례 좌익과 우익을 오갔다. 1930년 요제프 어틸러는 우익으로 기우는 협회를 탈퇴했지만, 헝가리 정세 변화를 빠르게 파악하지 못한 모스크바에서 시인에게 뒤늦은 비난을 쏟았던 것이었다. 한편, 1929년부터 『뉴거트』는 버비츠 미하이Babíts Mihály가 새로운 편집장을 맡게 되었다. 요제프 어틸러는 그해 바움가르텐 문학상을 받지 못한 것에 대한 원망으로 버비츠 미하이를 향해 모욕적인 비평을 발표하면서 관계가 틀어졌다. 그는 『뉴거트』에 시를 싣지 못했을 뿐 아니라 매년 바움가르텐 문학상을 수상하지 못했기 때문에 지면을 찾아 고군분투해야 했다. 1931년 버티츠 미하이는 동시대 최고의 작가들을 모아『새로운 시선집Új Antalógia』을 출간하면서 요제프 어틸러의 시 두 편 「지친 사람Megfaradt ember」, 「진심으로」를 포함시키기도 했지만, 동시대 젊은 작가들에 대한 평가에 비해 인색하기 짝이 없는 것이었다. 요제프 어틸러는 스무 살에 「진심으로」를 발표했을 때부터 천재 시인으로 불렸고, 사람들은 그의 문학적 역량을 높이 평가했지만, 그 시 때문에 다니던 대학을 그만두어야 했던 것처럼, 시의 완성도를 더해갈수록, 그를 '우리 시인'이라고 포용하는 진영은 하나둘씩 사라져만 갔다. 동시대 젊은 작가들이 비교적 쉽게 받았던 상이나 지면이 그에게는 항상 어려운 관문이 되었다. 1932년 10월 다섯 번째 시집『도시 외곽의 밤Külvárosi éj』이 출간되었다. 좌파 경향의 잡지『사회의 눈Társadalmi szemle』은 이 시집을 혹평했고 상처받은 요제프 어틸러는 헝가리 공산당 지도부를 비판하는 「통일 전선에 대하여Egységfront körül」라는 글을 발표했다. 1934년 초부터 공산당과 관계된 일이나 행사에 소외되다 결국 관계가 완전히 끊어졌다.

  1933년 봄 사랑시 「송가Óda」가 완성되고『뉴거트』에 다시 작품이 실리기 시작한다. 1934년 초 공산당과의 관계가 끊긴 뒤 그의 대표 시 「자각Eszmélet」을 완성한다. 요제프 어틸러는 1934년 소비에트 작가회의에 본인이 아니라 다른 경쟁 작가들이 초대되자 크게 실망한다. 1934년 12월에는 여섯 번째 시집 『곰 춤Medvetánc』이 출간되었는데, 이 시집은 1922년부터 1934년까지 이미 발표한 시들 중에서 선별했거나 새로 쓴 시들을 엮은 선집이었다. 공산당 당원으로 활동하던 시기에 집필했거나, 공산당 이념에 맞게 개작했던 이전 작품들을 공산당과 결별한 이후 원래 작품으로 복구하거나 재개작하여 수록했다. 이 시집에는 핀란드의 칼레발라와 헝가리 민요, 민속을 소재로 한 작품들이 다수 포함되었다.

요제프 어틸러는 첫 신경증 발작 이후 불면이나 조울증과 같은 증상 외에도 여러가지 위장계통 장애를 겪었다. 어린 시절부터 지속되었던 굶주림, 유학 시절의 궁핍함은 소화기관 장애와 섭식 장애를 일으켰고 처음에는 내과 진료로 시작되었던 치료가 내과 의사이자 심리학자인 라파포르트 셔무Rapapport Samu와 만남으로써 정신분석까지 범위를 넓혔다. 그의 소화계통 장애가 정신적 원인 때문일 거라는 가정하에 지속적으로 상담을 받았다. 특히 1934년 정신분석학자 죔뢰이 에디트Gyömrői Edit는 요제프 어틸러의 신경증이 어린 시절 겪은 가난하고 불우한 환경과 어머니의 죽음에 대한 트라우마에서 시작되었다고 확신했고 트라우마를 치료하기 위해 어린 시절 기억을 회상하게 만들고 그때 감정을 표출하도록 했다. 「자유 연상 기록Szabad-ötletek jegyzéke」은 요제프 어틸러가 자유롭게 떠오르는 모든 연상과 기억을 기술하여 무의식 속에 묻혀 있던 정신적 문제들을 표면으로 끄집어내 치료할 목적으로 작성되었다. 한동안 신뢰를 갖고 치료를 받던 그는 일방적인 사랑에 빠지게 된다. 하지만 그녀에게는 이미 약혼자가 있었을 뿐 아니라, 그의 사랑 고백이 어머니 상실에 대한 트라우마를 의사에게 호소하며 전이된 감정에 불과할 뿐이라고 판단했기 때문에 그녀는 진지하게 받아들이지 않았다. 요제프 어틸러는 고백이 받아들여지지 않자 급기야 칼을 들고 난동을 일으켰는데, 정신적으로나 신체적으로 매우 쇠약한 상태에서 현장에 있던 죔뢰이 에디트의 약혼자에 의해 가볍게 제압당했고 곧 정신요양원에 입원하게 된다. 「당신은 나를 아이로 만들었어요Gyermekké tettél」, 「사랑하는데 겁쟁이인 당신Aki szeretni gyáva vagy」, 「너무 아프다Nagyon fáj」, 「곧 당신은 늙을 거예요Majd megöregszel」 등 1936년에 쓴 시들에는 어린 시절과 어머니에 대한 고통스러운 기억, 거부당한 죔뢰이 에디트를 향한 애정과 원망을 거칠게 쏟아내고 있는데, 걷잡을 수 없는 불안과 고통을 여과없이 표현하는 내용이 위태로운 그의 정신세계를 반영하는 듯하지만, 사실 이 시들은 철저하게 계산된 언어와 엄격한 형식을 갖추고 있다.

1936년 이그노투스 팔Ignotus Pál은 『아름다운 말Szép Szó』을 창간한다. 이 잡지는 요제프 어틸러를 위한 잡지라고 해도 과언이 아니었다. 요제프 어틸러를 편집장에 앉혔고 작품을 발표할 수 있는 지면을 마련했다. 요제프 어틸러는 신체적 건강뿐 아니라 정신적으로 불안한 시기를 보내고 있었지만 그의 시 세계는 그 어느 때보다 더욱 견고해졌다. 이그노투스 팔과 몇몇 어틸러의 친구들은 그가 일하는 것만이 그의 문제를 극복하게 할 수 있다고 생각했고 사실이 그랬다. 요제프 어틸러는「두너강에서Dunánál」,「뒤늦은 만가Kései sirató」 등 대작을 연이어 발표하고 『아름다운 말』 초청으로 헝가리를 방문한 토마스 만을 환영하는 시「토마스 만 환영사Thomas Mann üdvözlése」를 헌사했다. 그러나 1936년 크리스마스에 일곱 번째 시집이었던 『너무 아프다Nagyon fáj』를 출간했을 때, 시집은 겨우 몇 권만 팔렸을 뿐이고 문단과 독자들로부터 철저히 외면당했다. 이로써 자신을 믿어주고 지지해준 친구들과 후원자들에게 커다란 정신적 부담을 지게 되었다.

요제프 어틸러는 1937년 2월 새로운 심리치료사 코즈무처 플로러Kozmutza Flóra와 사랑에 빠진다. 봄에 피는 꽃처럼 플로러는 겨울 동안 질병과 가난, 외면으로 시들어가던 시인의 생에 기적과 같은 한 줄기 희망으로 다가왔다. 자신을 돌보지 않고 죽은 엄마에게 투정하듯, 자신의 병을 고치지 않는, 자신을 사랑하지 않는 의사 쬠뢰이 에디트에게 투정하던 요제프 어틸러는 플로러에게 더 이상 투정하지 않았다. 가장 아름다운 시를 헌사하며 사랑을 고백하고 삶을 희망했다. 그러나 이미 병세가 깊었던 요제프 어틸러를 치료 목적으로 만난 플로러는 그를 사랑하지 않았다. 뿐만 아니라 당대 젊은 작가들 중 어틸러의 가장 큰 라이벌이었던 이에시 줄러와 비밀리에 교제하고 있었다. (기혼자였던 이에시 줄러는 이혼 전이었기 때문에 비밀 교제를 할 수밖에 없었다.) 요제프 어틸러에게 플로러라는 존재는 사랑과 생에 대한 의지를 의미했지만, 동시에 생과 죽음을 오가는 존재의 불안을 떨쳐내지는 못했다. 1937년 7월 마지막 정신병 발작으로 요제프 어틸러는 시에스타 요양원에 입원했다가 누나가 있는 벌러톤사트소Balatonszárszó에서 지내게 된다. 건강을 위해서였지만 정신병 때문에 부다페스트의 지인들에게서 완전히 떨어져 나왔다는 사실에 괴로워했다.

1937년 12월 3일 벌러톤 호수의 작은 마을 벌러톤사르소에서 요제프 어틸러는 갑작스러운 죽음을 맞이한다. 전날 『아름다운 말』 집행부인 지인들이 요제프 어틸러를 방문했을 때, 그는 건강을 많이 회복한 듯 보였고 앞으로의 활동에 대해 담소를 나누던 끝에 다 함께 부다페스트에 올라가자고 이야기했다고 한다. 자동차에 탈 자리가 있었다면 함께 부다페스트로 갈 수 있었을 텐데, 자리가 없었다. 그렇게 친구들이 떠나간 다음 날 오전도 특별할 것 없이 평범하게 시작되었다고 누나들은 기억했다. 하지만 요제프 어틸러는 그날 오후 집 근처 기차역에서 출발하는 기차에 치여 숨졌다. 아직도 그의 죽음이 자살인지 사고사인지 확실한 증거 없이, 추측이 난두하지만 그가 남긴 마지막 시들은 그가 이미 죽음에 아주 가까이 다가가 있었다는 것을 보여준다.

그의 죽음은 갑작스러웠다. 하지만 많은 이들이 예상한 결말일 수도 있었다. 요제프 어틸러는 수차례 자살을 시도했고 마지막 시기의 시에서 생에 대한 의지만큼 죽음에 대한 안식을 자주 바랐다. 그가 죽고 삼 일 만에 전극에 벌어진 현상은 아무도 예상하지 못한 것이었다. 생전에 외면했던 문학계와 정치 진영은 모두 요제프 어틸러의 부고를 대서특필했다. 사람들은 이구동성으로 헝가리 문단이 얼마나 커다란 별을 잃었는지 크게 개탄했고, 서로에게 탓을 돌렸다. 마치 예수의 부활처럼 요제프 어틸러의 죽음은 그를 부활시켰다. 어틸러가 살아 있을 때는 시를 제대로 읽어주지 않아 그의 가치를 제대로 평가하지 못했다면, 죽음 이후에는 모든 진영에서 요제프 어틸러를 자신의 시인으로만 품으려 하면서 제대로 된 평가를 가로막았다. 공산주의 시대를 거치며 '프롤레타리아 시인'으로 숭상되었다. 이러한 측면은 요제프 어틸러의 작품들 중 일부, 작품 내에서도 특정 부분만을 인용하거나, 수많은 거짓된 증언과 연구 들을 재생산했다. 많은 연구자들이 그의 작품세계의 다양한 주제들에 대해 꾸준히 언급해왔지만 그의 작품이 온전히 모두 종합적으로 연구되기 시작한 것은 1989년 체제 전환이 이루어지고 나서의 일이다.

서른두 살에 요절한 천재 시인 요제프 어틸러는 결코 길지 않은 생애에 모두 7권의 시집을 출간했고 700여 편 남짓한 작품을 남겼다. 유쾌한 동시부터 현대 철학을 다룬 시까지 시대를 구분하지 않고 지난 백여 년 동안 꾸준히 사랑받고 있다. 앞에서 잠깐 언급한 바와 같이 그의 작품들은 시대적으로 특정 시들만 소개되거나 일부만 발췌되기도 했는데, 2005년 요제프 어틸러 탄생 백 주년을 기념하며 문학사가 트베르도터 죄르지는 요제프 어틸러의 시 124편을 엄선한 시선집을 출간했다. 이 시집에는 요제프 어틸러가 작품 활동을 시작했던 초기보다 대작을 쏟아내던 후기 작품들이 더 많이 수록되어 있다. 이 시들을 읽다 보면 시인이 겪은 삶의 중요한 사건들도 함께 들여다볼 수 있어 그와 작품을 이해하는 데 좋은 안내집이 된다. 이러한 이유로 한국어판 번역에 이 시선집을 선택하게 되었다. 이 시집이 헝가리의 대표 시인 요제프 어틸러의 시 세계에 독자들을 안내하는 좋은 길잡이가 되기를 희망해본다.

**옮긴이의 말**

요제프 어틸러의 시 번역을 시작한 지 오 년이 넘는 시간이 흘렀다. 핑계를 생각해보자면, 물론 오로지 번역에만 매달리며 보낸 시간은 아니었다는 것이 가장 큰 이유였겠지만 그렇게 했다 해도 더 빨리 마칠 수는 없었을 것 같다. 그의 시 세계를 어렴풋이나마 이해하기까지 무척 오랜 시간이 걸렸기 때문이다.

대학 시절 처음 접했던 요제프 어틸러의 시 「엄마Mama」(1934)는 기형도 시인의 「엄마 걱정」을 떠올리며 무척 친근하게 다가왔다. 가난한 유년 시절, 춥고 외로웠던 과거의 시간 속에 '윗목'처럼 자리한 엄마의 그리움이 요제프 어틸러의 시에서 그대로 느껴졌다. 가난한 가정에서 허드렛일로 생계를 책임져야 했던 엄마. 오직 따뜻한 엄마 품만이 세상의 전부였던 아이의 엄마를 향한 사무치는 그리움이 묘하게 닮아 있다고 생각했다. 하지만 그의 시 중 이렇게 쉽게 읽히는 시는 (사실 이 시마저 내가 생각한 만큼 그렇게 단순한 시도 아니었지만) 일부에 지나지 않는다는 것. 수많은 사람이 그의 시를 사랑하지만 수많은 방식으로 읽히고 있다는 사실을 깨닫는 데는 그리 오랜 시간이 걸리지 않았다. 동서양 고전을 종합해놓은 듯한 독특한 헝가리 문학 전통도 어려웠지만 거의 모든 현대 사상을 섭렵한 듯한 그의 작품 세계는 감탄을 자아내는 동시에 나를 쩔쩔매게 했다.

헝가리에서는 많은 사람들이 요제프 어틸러의 시를 좋아하고 학교에서 배우지만, 그의 시를 전체적으로 이해하고 있는 사람들을 만나는 것은 매우 어려운 일이다. 연구지나 문예지 이외에 일상생활에서도 그의 시는 가장 많이 인용되고 언급되지만 그 인용구가 전체 시에서 어떤 의미를 지니는지 알지 못하는 경우도 허다하다. 여러 차례 상반된 입장으로 개작을 했던 작품들이나 특정 작품들에 대해서는 오랫동안 '프롤레타리아 시인'이라는 칭송하에 선택적으로 알려지거나 은폐, 왜곡된 부분들도 있다. 해외에 번역된 작품들도 정작 그를 위대한 시인으로 평가받게 만든 작품들보다 치우친 관점에서, 혹은 쉽게 번역될 수 있는 작품들이 먼저 알려지기도 한 게 사실이다. 체제 전환 이후 삼십여 년이 지난 상황에서도 여전히 요제프 어틸러의 시 세계는 헝가리 문단에서 가장 뜨거운 연구 주제이며 논의 대상이기에 많은 논문과 연구서가 논쟁과 반박을 이어가고 있으며 번역을 위한 결론적인 해석을 정리하는 데도 많은 노력이 필요했다.

한국과 헝가리는 가끔 예상치 못한 지점에서 동병상련을 느끼게 하는 경우가 있는데, 그중 하나가 너무나 독립적인 언어를 사용하는 민족이어서 자신들의 문학이 세계에 잘 알려지기 어렵다고 생각하는 것이다. 세계 문학상에 대한 평가가 언급될 때마다 멋진 번역에 대한 어려움을 성토하는 것은 헝가리도 한국과 마찬가지다. 헝가리는 아시아의 마자르족이 천여 년 전에 중유럽에 정착하여 건국한 나라로 마자르어도 주변 슬라브어나 인도 유럽어계와는 전혀 다르다. 이를 단편적으로 볼 수 있는 것이 이름을 표기할 때, 헝가리에서는 한국과 마찬가지로 성, 이름 순서이지만 유럽의 모든 나라가 이름, 성 순서로 표기를 한다. 지금은 한국의 인물들이 외국에 소개될 때, 성과 이름을 그대로 소개하지만, 헝가리는 오랫동안 자신의 작가들을 주변 국가에 소개할 때, 주변국 모두의 언어에 맞게 이름, 성 순서로 번역해왔다. 이러한 이유로 헝가리 작가의 이름은 항상 혼란스럽다. 요제프 어틸러가 「자, 여기 나의 조국을 찾았노라」라는 시를 이렇게 시작한 것은 바로 헝가리 민족과 언어의 고립성과 연관이 있다.

"자, 여기 나의 조국을 찾았노라
날 묻어준다면,
그 위에 내 이름을 정확하게
적어줄 땅을"

위대한 요제프 어틸러의 시 세계를 온전히 옮기지 못했을 것이라는 두려움이 가슴 한편에 여전히 무겁게 자리하지만,

적어도 이 먼 땅에서도 그의 이름을 바르게 적을 수 있었음에 위안을 해본다.

동양에서는 너무나 서양적이고, 서양에서는 너무나 동양적인 나라 헝가리. 나의 번역으로 한국 독자들이 유럽에서 천여 년을 지켜온 헝가리인들의 이야기, 그리고 그의 이야기에 한 걸음 더 다가갈 수 있는 계기가 되기를 바란다. 감히 단언하지만 백 년이 지난 시라고 믿지 못할 정도로 현대를 살아가는 한국 독자들에게도 커다란 울림을 선사할 것이다.

많은 분들의 도움이 없었다면 이 책은 세상에 나오지 못했을 것이다. 나의 오랜 스승이신 박수영 교수님, 불어 번역본과 차이를 확인해주셨던 원종익 교수님, 용기를 북돋아주셨던 시인 정복선 님, 스승이자 친구인 커토너 가보르 선생님과 그의 아내 아그네시, 코바치 샨도르 선생님, 콜라리츠 크리스티나, 버르거 커틸린은 나의 부족한 헝가리어 실력에 항상 든든한 조력자들이 되어주었다. 또한 헝가리 최고의 문학사가 트베르도터 죄르지Tverdota György 교수님은 124편의 요제프 어틸러의 시의 해석과 관련해 일 년 가까이 질문에 답변해주시면서 하루빨리 요제프 어틸러가 한국에 소개되기를 바라고 응원해주셨다. 마지막으로 요제프 어틸러 시선집이 한국에 출판될 수 있도록 과감한 결정을 해주시고 함께 읽어주신 기행의 편집자 두 분께 감사의 말을 전하고 싶다.

2021년 3월
진경애

**편집 후기**

 이런 작업은 처음이었다. 미행을 시작하고 6권의 책을 내면서 번역자 선생님을 뵌 적이 없고 번역자 선생님이 외국에 계신 적은. 출판사마다, 편집자마다 특별할 것도 없는 일이겠지만 우리에게는 특별했다. 먼 것은 그래서 각별한 것일까. 질문을 하고 답변을 받아도 상대방은 부유할 뿐 그려지지 않는다. 이제까지는 커피잔을 앞에 두고 잠시 생각에 잠기셨던 것이나 함께 와하하 웃던 것, 차오르고 차올라서 자신이 이 작가를 번역하는 것으로도 완전한 정열을 보는 것 같았는데 이젠 아니다. 그, 혹은 그녀는 없다. 아니, 누군가가 우리랑 일한다.
 헝가리와 시차가 여덟 시간이라는 걸 검색하고 안 뒤론 이런 생각들이 따라다녔다. 새벽 1시에 메일이 왔으니까 거기는… 오후 5시겠구나. 저녁 8시 조금 넘어 통화를 했으니까 선생님은 갓 점심을 드셨겠다. 아직이신가? 그 사람 눈에 달라붙고 있는 정오의 꿈틀거리는 햇빛이 보인다. 아침에 메일을 썼으니까 거기는 새벽이구나. 아침에 일어나서 열어보시겠네.

이 일은 사랑에 빠진다! 말을 다루는 일이 그렇게 아프다. 그리고 정말 작가랑 대화하고 있다고 느낀다. 번역자 선생님도 그렇겠지. 번역자 선생님도 늘 어틸러를 옆에 앉혀놓고 작업하셨을 것이다. 때론 작은 학생처럼. 때론 감탄하는 교사처럼. 그럼 그 둘 사이에 편집자는 뭘까? 그 열렬한 사랑 앞에서? 우리는 아마 책일 것이다.

마지막으로 번역자 선생님의 메일을 하나 이곳에 남겨두고 싶다. 시 초교를 마치고, 나머지 글들을 검토받는 내용에 대한 회신이다.

보낸사람: ○○○
Date: 2020년 12월 17일 (목) 오후 7:17
Subject: Re: 선생님
To: ○○○

안녕하세요? ○○○ 선생님,
오늘 원고를 모두 검토하였습니다.
…
나머지 글들도 너무 많이 수고해주셔서 정말 감사합니다.

12월 3일은 요제프 어틸러 기일이었습니다.

겨울만 오면 그의 정신병이 왜 악화되었는지, 이곳의 겨울을 지내보면 저절로 알게 되는 것 같습니다.

봄이 오면 항상 희망찬 생을 다시 갈망했던 요제프 어틸러처럼, 내년 봄에는 그의 작품이 먼 이국에서 따뜻한 햇살을 맞이하길 바랍니다.

정말 감사합니다.

진경애 드림

## 미행에서 만든 책들

| 1 | 소설 | 마르셀 프루스트 | 초미경 | **쾌락과 나날** |
|---|---|---|---|---|
| 2 | 시 | 즈르주 바타유 | 곤지현 | **아르캉젤리크** |
| 3 | 소설 | 유리 올레샤 | 긴성일 | **리옴빠** |
| 4 | 시 | 월리스 스티븐스 | 정하연 | **하모니엄** |
| 5 | 소설 | 나카지마 아쓰시 | 반은정 | **빛과 바람과 꿈** |
| 6 | 시 | 요제프 어틸러 | 진경애 | **너무 아프다** |

**요제프 어틸러**(József Attila, 1905-1937)는 부다페스트의 가난한 노동자의 아들로 태어나 서른두 살에 비운의 삶을 마감한 헝가리 현대문학 최고의 시인이다. 1926년 헝가리 최고 문예지였던 『뉴거트』에 시 「진심으로」가 실려 주목받기 시작했다. 생전 모두 7권의 시집을 출판했고, 초기 시집은 아직 모방의 수준에서 크게 벗어나지 못한 작품들이 실려 있지만, 파리에서 유학하며 활동하던 1927년부터 공산주의, 아방가르드, 실존주의, 아나키즘 등 다양한 세계문학의 이념과 철학을 섭렵하면서 자신만의 견고한 작품세계를 구축하기 시작한다. 세 번째 시집 『아버지도 없고, 어머니도 없다』(1929)부터 마지막 시집인 『너무 아프다』(1936)에 이르기까지 자유진보주의, 공산주의, 프로이트의 정신분석과 같은 가장 현대적인 사상과 이념 들을 바탕으로 세련되고 정제된 글쓰기를 추구하면서도 한결같이 가난하고 소외된 도시 노동자와 시골 농민의 대변인이 되기를 자처했다. 그의 작품은 현대사회와 인간의 문제점들을 직관적이고 날카롭게 지적했다.

20세기 초, 세계대전 사이에 활동한 요제프 어틸러는 1989년 이전까지 헝가리 공산주의 체제에서 '프롤레타리아 대표 시인'으로 불렸으나, 체제 전환 이후 오히려 그의 깊고 다양한 시 세계가 드러나며 21세기를 이끄는 현대문학의 고전으로서 현재까지 자리를 굳게 지키고 있다.

옮긴이 **진경애**는 한국외국어대학교 헝가리어과와 동대학의 동유럽 어문 대학원을 졸업했다. 논문 「요제프 어틸러와 민족주의」로 외트뵈시로란드대학교에서 박사학위를 받았다. 한국외국어대학교에서 강의를 했고 현재 외트뵈시로란드대학교 한국학과에서 한국어, 한국 문학을 가르치고 있다. 헝가리어로 번역한 책으로 『박완서의 엄마의 말뚝 외 3편』이 있고 한국어로 번역한 책으로 나더쉬 피테르의 『미노타우로스』가 있다.

미행의 어떤 시 1

너무 아프다 — 요제프 어틸러 시선집
진경애 옮김

| | |
|---|---|
| 초판 1쇄 발행<br>2021년 4월 11일 | 전화<br>070-4045-7249 |
| 펴낸곳<br>미행 | 메일<br>mihaenghouse@gmail.com |
| 출판등록<br>제2020-000047호 | 인쇄 제책<br>영신사 |

ISBN 979-11-967836-7-9 03830

이 책은 페퇴피 문학 재단(Petőfi Literary Fund)의
출판지원을 받아 출간되었습니다.